BIBLIOTECA DE DERECHO PENAL Y POLÍTICA CRIMINAL

Matías Baiolone
(Director)

Carlos Antonio Agurto Gonzáles
Sonia Lidia Quequejana Mamani
Benigno Choque Cuenca
(Coordinadores Generales)

ROLAND FREISLER
Presidente del Tribunal Popular
(*Volksgerichtshof*)

DERECHO PENAL DE VOLUNTAD

Fernando J. Arnedo
(Coordinador)

Edición al cuidado de
Carlos Antonio Agurto Gonzáles
Sonia Lidia Quequejana Mamani
Benigno Choque Cuenca

Ediciones Olejnik

Título: Derecho penal de voluntad

© Ronald Freisler

Fernando J. Arnedo (Coordinador)

© Ediciones Olejnik
Huérfanos 611, Santiago - Chile
E-mail: contacto@edicionesolejnik.com
Web site: http://www.edicionesolejnik.com

Primera edición en Ediciones Olejnik: 2021

ISBN: 978-956-392-959-1

Diseño de Carátula: Ena Zuñiga
Diagramación: Luis A. Sierra Cárdenas

Impreso en Argentina 2021 Printed in Argentina

ÍNDICE

NOTA DEL EDITOR 9

ROLAND FREISLER:
«EL SOLDADO POLÍTICO DE HITLER»
Por Fernando J. Arnedo

Roland Freisler: Surgimiento y formación del abogado y jurista 11
La vinculación con el Partido Nazi 14
Abogados, jueces y juristas en contexto: la contribución a una justicia nacionalsocialista 19
Freisler, el Ministerio de Justicia del Reich y el Derecho Penal 25
Contribución a la nazificación del estado, del derecho y del estado de derecho 36
El sistema penal y la administración de justicia nazi. Breve referencia histórica 39
I. Abolición de todas las garantías constitucionales para la libertad de los ciudadanos inocentes 40
III. Creación de nuevos delitos con el fin de promover la persecución política, racial y religiosa 41
IV. Aumento de las penas más graves: la pena de muerte 43
V. Creación de nuevos castigos 43
VI. Existencia de un marcado dualismo de la pena legal y extralegal 44
El Tribunal Popular (Volksgerichtshof) 48
El Tribunal Popular y la doctrina del Willensstrafrecht o derecho penal de voluntad 52
El Tribunal Popular en los años venideros y la Presidencia a cargo de Roland Freisler 56
La pena de muerte, la cárcel de Plötzensee y Roland Freisler 58
El que a hierro mata... 59

CONTEXTO HISTÓRICO-IDEOLÓGICO DEL DERECHO PENAL DE LA VOLUNTAD
Por José Luis Guzmán Dalbora

.... 61

Bibliografía (por el orden de aparición de las referencias en el texto) 71

ATUALIDADE DE ROLAND FREISLER
Por Nilo Batista
.... 73

Bibliografía (por ordem de entrada em cena) 79

DERECHO PENAL DE VOLUNTAD; TENTATIVA Y CONSUMACIÓN
Por el Secretario de Estado Dr. Freisler
(Ministerio de Justicia del Reich)
.... 81

Consideraciones complementarias, motivadas en ulteriores trabajos jurídico-políticos 102

NOTA DEL EDITOR

El presente volumen aspira a ofrecer una profundización del concepto de *derecho penal de voluntad (Willensstrafrecht),* dado que muchas veces se ha pretendido confundirlo con cualquier subjetivización del injusto, pero en otras ocasiones, en particular en los últimos lustros, se lo propugna -sin saberlo- al amparo de tipificaciones de actos preparatorios.

Con ese objeto presentamos un trabajo ejemplar sobre el tema, que lo expone sin tapujos y con una sinceridad que en ocasiones raya en la perversión. Procede de la pluma de Roland Freisler, uno de los más despiadados escritores de la época nazi, acerca del cual informa el extenso trabajo del Profesor Fernando Arnedo. Hemos creído necesaria esta explicación, para ubicar al lector en el tiempo y raíces del *derecho penal de voluntad.*

Además, en sendos trabajos, tanto el profesor de la Universidad del Estado de Rio de Janeiro, Nilo Batista, como el profesor de la Universidad de Valparaíso, José Luis Guzmán Dálbora, aportan sus observaciones sobre el tema.

Los conceptos además de contenido tienen historia por lo que, en este volumen, mostramos no solo la idea del derecho penal de voluntad, convenientemente ilustrada por dos distinguidos catedráticos latinoamericanos, sino también su genealogía terrorífica.

EUGENIO RAÚL ZAFFARONI

ROLAND FREISLER: «EL SOLDADO POLÍTICO DE HITLER»[1]

Por Fernando J. Arnedo[2]

Mencionado al descuido, puede que el nombre de Roland Freisler signifique poco más que un recuerdo histórico. Sin embargo, cuando indagamos sobre su historia, su biografía y su obra, es cuando quizás aquel nombre nos invita a reflexionar por lo menos en dos campos bien definidos. Por un lado, el histórico-político de un país como Alemania bajo el dominio nazi y, por el otro, el jurídico penal de aquella época que, con algunos matices, se nos presenta en la actualidad negando sus más dramáticos orígenes o renegando de aquellos.

Es decir que la indagación nos conduce necesariamente al relato y al discurso y estos, a su vez, a las prácticas que lamentablemente concluyeron en el mayor de los espantos padecidos en la historia de la humanidad: el holocausto.

Roland Freisler: Surgimiento y formación del abogado y jurista

Julius Freisler fue un ingeniero diplomado que había llegado al Reich para finales de la década de los 80 del siglo XIX, proveniente de un pueblo moravo de Klanten, y fue, precisamente en Celle, cerca de Hannover, donde conoció a Charlotte Augusta Schwerdtfeger, una joven con la que contrajo matrimonio. Fruto de esa unión, el 30 de octubre de 1893 nació Roland Freisler, quien sería el mayor de dos hermanos varones ya que, poco después de su nacimiento, y ya mudada la familia a Hameln, el 28 de diciembre de 1895 nacería su hermano Oswald.

Un mes más tarde del nacimiento de su hijo Oswald, Julius Freisler recibió una oferta de trabajo para desempeñarse como directivo de la Administra-

---

1 El título dado a este trabajo reconoce el valor histórico de algunos documentos que se conservan relacionados con el intercambio epistolar que Roland Freisler supo mantener con Adolf Hitler. Cuando Freisler firmaba sus cartas lo hacía diciendo «Heil mein Führer!, In Treue Ihr politischer Soldat, Roland Freisler («Heil mein Führer! Su leal soldado político, Roland Freisler»).

2 Profesor de Derecho Penal y Criminología de la Facultad de Derecho de la Universidad de Buenos Aires y de la Facultad de Ciencias Jurídicas y Sociales de la Universidad Nacional de La Plata.

ción de obras portuarias de Duisburgo, oferta que no rehusó, aun cuando ello importara la dolorosa separación de su familia. Priorizó su ascenso profesional antes que a su mujer y sus hijos quienes, provisionalmente, subsistieron en la baja Sajonia hasta que, con posterioridad, Charlotte Freisler, pudo alcanzar a su marido en Aquisgrán, donde se encontraba afincado después de haber aceptado el ofrecimiento de una cátedra en la Real Escuela de la Construcción (Königliche Baugewerbeschule).

El desempeño de Julius Freisler en la función pública, como en la cátedra, le significó una cierta fama que redundó en una mejora de los ingresos que tanto él como su familia supieron aprovechar.

De esta forma, tanto Roland como Oswald tuvieron la posibilidad de cursar estudios de primaria y, a partir de 1903, Roland pudo ingresar con tan solo diez años en el instituto de enseñanza secundaria Kaiser Wilhelm, donde fue considerado entre los más destacados por su tenacidad y aplicación. Esas cualidades son las que demostró a los quince años como estudiante en Kassel, ciudad a la que la familia Freisler se había trasladado en 1908. En 1912, Freisler, quien había participado siempre en las discusiones políticas de su época, obtuvo el título de bachiller siendo el primero de su clase.

Finalizada su educación secundaria, comenzó sus estudios de Derecho en la Universidad de Jena. Sin embargo, iniciada la guerra, abandonó la ciudad y en agosto de 1914 ingresó como suboficial en el regimiento de infantería 167 de Kassel. Freisler prestó servicio activo durante la Primera Guerra Mundial por considerar que era su deber enrolarse: estaba en juego el Reich y Alemania y, por lo tanto, era imperiosa la victoria.

Tras un breve período de instrucción militar, el joven recluta entró en acción, primero en Flandes, donde poco después cayó herido. Luego de ser trasladado a un hospital militar, en el que concluyó su convalecencia, se dirigió con su regimiento al frente del Este, donde cumplió con sus obligaciones militares de forma tan destacada que lo ascendieron, en 1915, de jefe de una patrulla de observación a teniente[3].

A su vez, debido a su demostración de valor y a su notoria actuación, ambos en el campo de batalla, logró que el mando del Ejército le concediera la Cruz de Hierro, condecoración que ya había obtenido cuando había sido promovido de suboficial a cadete oficial en 1914.

Sin embargo, esa condecoración no logró evitar la derrota, ni que él ni sus compañeros fueran trasladados a campos de prisioneros para oficiales donde pasaron el resto de la guerra, en las cercanías de Moscú.

En efecto, en octubre de 1915, luego de luchar y resultar herido en el frente oeste, Freisler fue capturado por los rusos y enviado a la retaguardia

[3] Cfr. Ortner, Helmut, *El verdugo. Roland Freisler: Un asesino al servicio de Hitler*, España, Sombra, 2010, p. 43.

como prisionero de guerra. Allí, aprendió ruso y se interesó por la doctrina marxista luego de la Revolución Rusa. Los bolcheviques, que habían cedido la administración del campo a los prisioneros alemanes, utilizaron la fuerza de trabajo de Freisler al punto que este se transformó, después de la Revolución de Octubre y de la paz de Brest-Litowsk, en el comisario responsable de la distribución de los cargamentos de víveres del campo de prisioneros donde se encontraba[4].

Finalizada la guerra y luego de que los campos de prisioneros se disolvieran en 1918, podría decirse que Freisler se transformó en un comunista convencido, aun cuando esta información, para algunos autores, no se encontraría avalada por documentos contemporáneos[5]. Sin embargo, H. W. Koch, destacado historiador de la temática nazi, afirma que después de la revolución bolchevique, los campos de prisioneros de guerra en Rusia fueron entregados a la administración alemana; que el título de comisario era meramente funcional y no político y que «Freisler nunca fue un comunista, aunque en los primeros días de su carrera nacionalsocialista [...] perteneció al ala izquierda del Partido Nacional Socialista Alemán de los Trabajadores»[6] de Adolf Hitler.

El propio Freisler, quien nunca negó haber sido comisario de campo, se defendió enérgicamente contra las afirmaciones que le atribuían un «pasado bolchevique» y en ese sentido rechazó todo tipo de acusaciones dirigidas a él, en la medida que afirmaban que tentativamente se había acercado al enemigo odiado (los rusos). Pero nunca pudo escapar completamente del estigma que significaba ser un *bolche.*[7]

Más allá de la opinión de Koch, y de los esfuerzos del propio Freisler por encubrir su pasado, existen muchas razones constitutivas de su vida que parecen indicar todo lo contrario en relación con su filiación comunista, a punto tal que ha cobrado mucha fuerza la tesis que considera que permaneció en Rusia durante dos años después de concluida la guerra hasta que, en 1920, decidió regresar a Alemania como un ferviente defensor del comunismo.[8]

A su regreso a Alemania (julio de 1920), lo primero que hizo fue dirigirse a Kassel, y luego regresó a Jena, para retomar sus estudios de derecho en la universidad local, donde había dejado trunca su carrera.

Helmut Ortner, uno de los autores que más detenidamente ha estudiado la vida de Freisler, relata que la confusa época de posguerra fue la determi-

---

4 Knopp, Guido, 'The Hanging Judge», en *Hitler's Humen,* Stroud, Sutton Publishing, 2000, pp. 216, 220-222, 228, 250.

5 Cfr. Wesel, Uwe [profesor emérito de Historia Legal de la Universidad Libre de Berlín] en su artículo «Drei Todesurteile pro Tag» [«Tres sentencias de muerte por día»], publicado en *Díie Zeit,* 3 de febrero de 2005.

6 Koch, H. W., *In the Name of the Volk: Political Justice in Hitler's Germany,* New York, Barnes & Noble, 1997, p. 29.

7 Ver Knopp, Guido, «The Hanging Judge»..., *op. cit.*

8 Aguiar, Flávio, «Roland Freisler (1893-1945): liçoes da biografia de um juiz», en *Rede Brasil Atual (RBA),* 20 de noviembre de 2013.

nante para que no hallara una orientación política satisfactoria y, por esa misma razón, habría encontrado más sensato el centrarse en los estudios universitarios y su futuro como jurista, antes que en la política.[9]

Freisler concluyó la carrera de derecho en la Universidad de Jena sin dificultades y en 1921 presentó su tesis doctoral titulada *Principios de la organización empresarial,* la que resultó calificada *summa cum laude* y le valió su graduación como doctor en derecho ese mismo año. Al año siguiente, en 1922, su tesis fue publicada en la revista de aquella universidad.

Con su título académico máximo, Freisler partió hacia Berlín en 1923, donde aprobó el examen estatal y coronó esta etapa de su vida con un trabajo de asesor.

El 13 de febrero de 1924, retornó a Kassel donde abrió junto a su hermano -quien también se había licenciado- un estudio jurídico en el que personalmente se ocuparía de cuestiones de índole penal, mientras que su hermano Oswald se centraría en las demandas civiles.

Pronto Roland Freisler se ganaría el respeto de colegas y clientes quienes lo consideraban un abogado extraordinariamente competente con una habilidad retórica impresionante. Sabía hacer sus defensas orales con claridad y con frases meditadas; dominaba el arte de la exposición trivial tanto como el de la pregunta enérgica. Si en los procesos no políticos se comportaba como un abogado agradable y casi reservado, en contraposición, en su actividad política, actuaba como un defensor combativo, de gesto enérgico y formulaciones punzantes. No tuvo nunca un conflicto con los tribunales y fue un buen abogado para sus clientes, demostrando sus habilidades jurídicas ante todo en los recursos de casación difíciles, siendo tan eficaz en ellos que también logró captar la atención de los miembros del Tribunal del Reich en Leipzig, cuya Tercera Sala en lo Penal tenía competencias en el distrito de la Audiencia Territorial de Kassel.[10]

La vinculación con el Partido Nazi

Freisler encaró la carrera política con el mismo ímpetu que la jurídica. En ese sentido, en 1924, entró en el ayuntamiento de Kassel como concejal de la ciudad en representación del *Völkisch-Sozialer Block* (VSB), un grupo nacionalista de extrema derecha. No obstante, Freisler decidió pasarse al Partido Nacionalsocialista Alemán de los Trabajadores (NSDAP) con posterioridad a la reorganización que del mismo planteara el propio Hitler el 24 de diciembre de 1924, luego de haber salido, antes de lo previsto, de la fortaleza de Landsberg[11].

---

9 Ver Ortner, Helmut, *El verdugo..., op. cit.*, p. 44.

10 *Ib.*, p. 45.

11 La fortaleza penitenciaria en la cual Adolf Hitler estuvo preso por un intento de golpe de estado durante el «Putsch de Múnich».

En efecto, aun cuando los Nazis se declaraban enemigos del Marxismo y de los rusos y a pesar de su controvertido pasado bolchevique, Freisler se unió al Partido Nazi a mediados de 1925, más precisamente durante el mes de julio, con el número 9679[12] y como ferviente opositor a la República de Weimar. Es posible, como afirma Ortner en su obra[13], que Freisler percibiera las intenciones de Hitler, quien buscaba integrar en un único movimiento las distintas facciones simpatizantes de la derecha nacionalista de todo el Reich y hacerse así con el poder político en Alemania, y por ello haya querido quizás estar presente en ese lanzamiento de la nación, no como parte integrante de la masa anónima sino ocupando un lugar reconocido.

De ahí que Freisler decidiera representar al NDSAP en el ayuntamiento de Kassel, en donde la combinación de dejarse llevar por el ímpetu del movimiento nacionalsocialista y sus ambiciones personales de notoriedad fueron las que lo condujeron, durante este período, a desempeñarse como consejero de defensa de aquellos miembros del naciente Partido que tenían problemas con la ley. Fue también delegado ante el *Landstag prusiano* (legislatura estatal prusiana) y más tarde se convirtió en miembro del *Reichstag* (legislatura del Reich).

La lucha por una Alemania nacionalsocialista -y todo lo que su sostenimiento conllevaba- así como el de sus propios intereses, poco a poco se fueron convirtiendo en el motivo principal de la vida de Freisler y ello se dejaría entrever tanto en las salas de los tribunales como en el propio pleno del partido.

Así fue cómo, paralelamente a la gestión de su próspero estudio jurídico con su hermano Oswald, comenzó a perseguir sus ambiciones políticas con mayor determinación que antes.

El 23 de marzo de 1928 se casó con Marión Russegger y celebró su casamiento con sus camaradas de Kassel, aun cuando su puesto en el nacionalsocialismo local estaba lejos de ser intocable, ya que poseía el cargo de gauleiter[14] interino y aspiraba a ocupar ese cargo en la zona norte de Hesse-Nassau, donde el gauleiter era un tal Schultz, hombre de confianza de Rudolf Hess.

Schultz, cansado de las intrigas y ataques de Freisler, utilizó su contacto con Hess para poder remitir a la cúpula del partido un informe escrito en el que, si bien aseguraba explícitamente a su interino el puesto excepcional de abogado y orador de la región, le criticaba su carácter veleidoso, afirmando que ello no hacía de él, precisamente, la persona indicada para un puesto directivo como el que Freisler pretendía. La opinión de Schultz no era la única,

---

12 Ver Knopp, Guido, «The Hanging Judge»..., *op. ext.*, pp. 213-251.

13 Ver Ortner, Helmut, *El verdugo..., op. cit.*

14 Este cargo, había sido creado por Hitler en 1922 para designar a los máximos líderes de zona (Gau) y era detentado por los jefes políticos del NSDAP en los distintos estados y regiones de Alemania.

ya que en varias oportunidades Freisler había sido sospechado, incluso en el seno del partido, por su carácter y por sus formas de proceder. Hubo además funcionarios del partido que se sintieron incomodados por la habilidad comercial de Freisler, a punto tal que le endilgaron conexiones entre sus intereses políticos y sus intereses privados.

Pero estos primeros intentos críticos por desestabilizar su imagen y su persona no pasaron más de eso, ya que la fortaleza y los éxitos de Freisler dejaron en minoría aquellas expresiones. De hecho, en el norte de Hesse-Nassau -zona que él pretendía controlar como líder-, Freisler era el camarada de mayor prestigio e integrante de la cúpula nacionalsocialista regional más selecta, posición que, en modo alguno, se vio afectada por la ocasional crítica dirigida a su personalidad -o a lo que se percibía como acciones algo escandalosas- y a sus ataques permanentes y sostenidos contra todo lo que consideraba «hostil a Alemania».[15]

Aunque la situación de Freisler en Hesse estaba lejos de ser cómoda[16], su carrera jurídica y política prosperó sin obstáculos. En el seno del NSDAP se lo tenía, junto con Hans Frank[17], como un notable jurista, además de considerarlo un camarada con gran capacidad para tomar decisiones claras y rápidas.

Sin embargo, a pesar de su prestigio en el terreno jurídico, Freisler no tenía acceso a la dirección interna del partido: «Las puertas al centro del poder seguían cerradas para él, aun cuando fuese un excelente abogado y diputado por el NSDAP en el Parlamento regional prusiano, puesto que ocupó desde 1932 y en el que llamó la atención por sus rotundas intervenciones en los ocasionales debates en torno a la justicia»[18].

Distintos historiadores interpretaron que las dificultades que se le presentaron a Freisler para acceder a una destacada posición nacionalsocialista se debieron tanto a la escasa radicalización de su postura, en aquel momento, respecto de la cuestión antisemita como a la circunstancia de que en sus discursos apenas mencionara a los judíos. Pero esta explicación no fue la única, dado que otros historiadores prefirieron atribuir aquella falencia a la distancia que mediaba entre su campo de acción política y el de los centros del poder nacionalsocialista, puntualmente, Berlín y Múnich.

---

15 Un ejemplo de esa personalidad nos lo proporcionan por un lado Koch, Hansjoachim W., *Volksgerichthof. Politische Justiz im Dritten Reich,* München, Universitas, 1988, y por el otro Tucholsky, Kurt, *Gesammelte Werke: 1925-1926,* Reinbek, Rowohlt Taschenbuch, 1989.

16 Debido a que se trataba de «un Estado gobernado por la socialdemocracia y en el que la administración, la policía y la justicia se enfrentaban a los crecientes ataques de los nacionalsocialistas con mucha más dureza que en cualquier otro lugar de la república de Weimar. Cfr. Ortner, Helmut, *El verdugo..., op. cit.,* p. 49.

17 Se trata del fundador -en 1928- de la Unión de Juristas Alemanes Nacionalsocialistas, un hombre que en 1930 llegó a jefe del departamento jurídico de la dirección del NSDAP, en 1933 a Ministro de Justicia de Baviera y a presidente de la Academia del derecho alemán, a ministro sin cartera del Reich y, finalmente, a gobernador general de Polonia a partir de 1940.

18 Ortner, Helmut, *El verdugo..., op. cit.,* p. 50.

Así y todo, no iba a pasar mucho tiempo para que las relaciones de poder cambiaran y en la misma medida la suerte de Freisler. En efecto, con el nombramiento de Adolf Hitler como canciller[19] el 30 de enero de 1933, en remplazo del anciano presidente del Reich, Hindenburg, y con la posterior Ley de plenos poderes[20] con la que el propio Hitler se dedicó a acabar con la República de Weimar, Freisler pasó a ser un colaborador de confianza del nuevo modelo nacionalsocialista.

Hitler, sus nueve ministros conservadores y sus tres ministros nacionalsocialistas obtuvieron la confianza del Reichstag, para el cual, según la Constitución, solo se requería la mayoría simple. Sin embargo, dos días más tarde, el 1° de febrero de 1933, se disolvió el Reichstag, aun cuando no desaparecería por completo. El 5 de marzo de ese mismo año, se celebraron nuevas elecciones, que fueron entendidas como un revés para Hitler y el NSDAP, quienes convencidos de que irían a obtener la mayoría absoluta de los votos, debieron contentarse con un 43,9% de los escaños.[21]

Pero a pesar de ello, el 23 de marzo de 1933, Hitler dictó la ley de plenos poderes[22] con lo que se produjo un brusco e inesperado giro en la situación política que importó dar comienzo, en todo el país, a un proceso de armonización por medio del cual todos los *länder* pasaban a tener un gobernador (Reichsstatthalter) y los líderes de zona (Gauleiter) del NSDAP se ocuparían de *armonizar* las federaciones, instituciones, administraciones y asociaciones. Los compatriotas parecían haber esperado ese momento. En todo caso, la mayoría de los alemanes parecía sentirse muy a gusto bajo la bandera de la cruz gamada.[23]

Efectivamente, ese 23 de marzo de 1933, los nazis habían llegado al poder y Hitler, como muestra de ello, en su discurso ante el Reichstag, no dejó posibilidad de duda alguna respecto del valor casi nulo que le asignaba a su cargo constitucional.

En esta inteligencia, si bien el Reichstag no desapareció formalmente después de ese día, terminó convirtiéndose en una asamblea -dominada por los nacionalsocialistas- cuya función consistía solo en reunirse

19 Koch, H. W., *Volksgerichthof..., op. cit.*
20 Dictada el 23 de marzo de 1933.
21 Vale la pena recordar que, si en alguna medida los partidarios del NSDAP pudieron constituir un gobierno de exaltación nacional elegido por la mayoría de los alemanes nacionalsocialistas de conformidad con la Constitución, ello se debió a la alianza celebrada con el Partido Nacional-Popular Alemán (Deutsche Nationale Volkspartei, DNVP) de ideología nacional alemana.
22 De esta forma, Hitler pudo avanzar, ampliar su autoridad y, sobre todo, proceder a un ajuste de cuentas definitivo con sus adversarios. Esa ley le permitió durante cuatro años detentar un poder casi ilimitado en la lucha encaminada a poner remedio a la «penuria del pueblo y del Reich».
23 Ortner, Helmut, *El verdugo..., op. cit.*, p. 51.

esporádicamente para oír las palabras de los gobernantes y después celebrar, haciendo el saludo alemán, las intervenciones de Hitler: «La escenificación del poder podía empezar sin el menor obstáculo y la puesta en marcha de la nación organizarse sin consideración alguna. Para ello se necesitaban colaboradores de confianza en todos los ámbitos, hombres como Roland Freisler»[24].

Pero la necesidad de Hitler y del NSDAP, ¿era la misma que poseía Freisler de ocupar los máximos cargos?

Quizás quien fuera un conocedor de Freisler, al punto de vaticinar en alguna medida su futuro, sería Karl Weinrich, quien lo caracterizaba diciendo que «retóricamente Freisler es igual a nuestros mejores oradores, si no superior. En particular, él ejerce influencia sobre las grandes masas, pero la intelectualidad lo rechaza. El camarada del Partido, Freisler, solo puede ser usado como un orador, pero no es la persona adecuada para [ningún] tipo de puesto de liderazgo ya que se trata de una persona de carácter variable y no confiable»[25].

Probablemente las palabras de Weinrich fueran las más acertadas en lo que a su derrotero político se refiere, en la medida en que Freisler logró ser promovido a cargos importantes de decisión, pero nunca a los máximos cargos. En efecto, en febrero de 1933, Freisler recibió un documento proveniente de Berlín: se trataba de su nombramiento como director del Ministerio de Justicia prusiano. Así, a los cuarenta años, alcanzaba el primer escalón verdaderamente importante en su carrera, no obstante haberle resultado bastante insuficiente. Luego, apenas cuatro meses más tarde, el 1° de junio de 1933, fue nombrado subsecretario de Estado del mencionado Ministerio[26], puesto inmediatamente inferior al de ministro, cargo que en esos días ocupaba el doctor Hans Kerrl.[27]

---

24 *Ib.*, p. 53.

25 Karl Weinrich fue el gauleiter de Kurhessen. Los dichos citados pertenecen a una carta que en 1927 dirigiera a la Dirección del NSDAP, citada en Breuning, Stephan, *Roland Freisler. Rechtsideologien im III. Reich. Neubegelianismus kontra Hegel,* t. 27: Serie de Estudios de Historia Contemporánea, Hamburg, Kovac, 2002.

26 El 31 de mayo de 1933, el ministro de Justicia, en una carta dirigida «al señor abogado doctor Freisler, aquí en la casa» le comunicó: «El señor presidente de Prusia, a raíz de mi propuesta en relación con su nombramiento, entregada ya el veintinueve del corriente, ha tenido a bien nombrarlo subsecretario del Ministerio de Justicia. Tomará usted posesión del nuevo cargo con fecha 1° de junio de 1933. A partir de ese momento, y en la categoría 3 del escalafón, percibirá un sueldo básico anual de veinticuatro mil marcos del Reich, así como las demás remuneraciones que le correspondan en virtud de la Ley sobre los sueldos y emolumentos, vigente en Prusia.
Le ruego que retire de inmediato su nombre de la lista de abogados de la Audiencia provincial y del Juzgado de primera instancia de Kassel...». La presente cita es textual del expediente personal de Freisler conservado en el Archivo Federal de Coblenza (Signatura R 22).

27 Buchheit, Gert, *Richter in roter Robe,* München, List, 1968, p. 25.

El 19 de junio, Freisler comunicó su ascenso al presidente de la Audiencia provincial de Kassel y pidió que se le excluyera de la lista de abogados.[28]

Como se ve, Freisler debía su ascenso, ante todo, a las nuevas circunstancias políticas y en este punto cabe poner de resalto que su carrera estaría indisolublemente unida al régimen nacionalsocialista y a la decadencia moral que hizo de la justicia alemana su presa hasta el final de la guerra, una justicia que se transformaría, casi sin reparos, en la madriguera del régimen nazi.[29]

Abogados, jueces y juristas en contexto: la contribución a una justicia nacionalsocialista

A principios de 1933, Karl Linz presidía la Unión de Jueces y en la publicación mensual del gremio, la Deutscher Richterzeitung, advertía a sus colegas[30] que «hoy son pocas las cosas buenas que se pueden esperar para la justicia; antes bien, todo indica que vendrán nuevos ataques y nuevas luchas para asegurar la existencia de un Derecho y una jurisprudencia independientes»[31]. Pero este tipo de advertencia que podría considerarse fundada en valores de índole democrática, en breve desapareció como forma de manifestación, no solo del campo textual sino también del discurso verbal.

Las asociaciones de profesionales, de magistrados (como la prusiana de jueces, Preussischer Richterverein[32]), de notarios (Deutscher Notarverein), de abogados (Deutscher Anwaltsverein), de académicos y de profesores del derecho en general y del derecho penal en particular, terminaron siendo permeables a las imposiciones del «nuevo régimen». Esto resultó evidente por lo menos en dos aspectos: a) en las publicaciones de declaraciones en las que se celebraban el fortalecimiento de la voluntad y el pensamiento nacionales y en las que se aseguraba al gobierno nacionalsocialista el firme trabajo orientado a alcanzar tanto el restablecimiento del pueblo como del Reich y b) en un público reconocimiento de esos nuevos gobernantes que ya habían iniciado la fina tarea que importaba el sometimiento del Derecho a los fines políticos y a las convicciones racistas.

---

[28] El comunicado Freisler lo hacía en los siguientes términos: «Después de mi nombramiento como subsecretario del Ministerio de Justicia prusiano, considero que con dicho nombramiento mi condición de abogado concluye de oficio. Por lo tanto, doy por hecho que ya se ha procedido a quitar mi nombre de la lista de abogados de la Audiencia provincial y del Juzgado de primera instancia de Kassel. ¡En caso de que esta suposición sea incorrecta, ruego que se me excluya de la lista... Heil Hitler!». La presente cita es textual del expediente personal de Freisler conservado en el Archivo Federal de Coblenza (Signatura R. 22).

[29] Cfr. Ortner, Helmut, *El verdugo...*, *op. cit.*, p. 57.

[30] La declaración del Deutscher Richterbund (19 de marzo de 1933) se publicó en *Deutscher Richterzeitung*, 1933, p. 122 y ss., cfr. Catálogo de la exposición del Ministerio Federal de Justicia editado durante el mandato de Hans A. Engelhard, bajo el título: *Im Namen des Deutschen Volkes. Justiz und Nationalsozialismus*, Verlag: Wissenschaft und Politik, Köln, Taschenbuch, 1989, p. 90.

[31] Cfr. Müller, Ingo, *Furchtbare Juristen*, München, Knaur, 1987, p. 44; y *Deutsher Richterzeitung*, 1933, p. 155 y ss., cit. en *Im Namen des Deutschen Volkes...*, *op. et loc. cit.*

[32] *Im Namen des Deutschen Volkes*, *op. cit.*

De esta forma, aquellas agrupaciones y gremios llegaron al 28 de febrero de 1933[33] con ese dinamismo complaciente puesto de manifiesto en escritos y declaraciones públicas, casi sin asombro o estupor de su parte en su rol de representantes del amplio campo jurídico y jurisdiccional que, de ahí en más, avalaría la persecución de los enemigos políticos.

Podría decirse que ese día había significado el punto de inicio para la creación de las primeras condiciones constitutivas de una persecución silenciosa y sin oposición jurídica o jurisdiccional alguna.[34]

El 24 de marzo de 1933 Hitler obtenía finalmente el consentimiento del Reichstag a su Ley de plenos poderes, que le permitiría promulgar, sin la aprobación del parlamento, leyes encaminadas a modificar la Constitución.

Sin embargo, frente a este claro acto de avasallamiento de derechos y garantías, la mayoría de los jueces permanecieron en silencio. Se habían transformado en nacionalistas de derecha, antirrepublicanos, antiparlamentaristas y antisemitas, sensibles a las promesas políticas de salvación nazis.

De esta forma los nazis lograban, por una parte, una judicatura que valoraba la toma del poder por la «concentración nacional» de nacionalsocialistas y conservadores como un cambio de gobierno normal, legal y necesario, y por la otra, evitaban que las revistas especializadas publicaran una sola palabra en relación con el menoscabo de la Constitución.

Dentro de la judicatura, los comunicados oficiales de Hitler fueron bien recibidos y ello aun cuando se limitaban vergonzosamente los derechos que garantizaban la libertad individual. Los jueces preocupados solo por la idea de «independencia», al considerar que esta se había respetado muy poco durante la vigencia de la república de Weimar, consideraban que Hitler haría la diferencia y que por tanto se abstendría de ir contra su independencia en ejercicio de sus funciones. Sin embargo, estos intérpretes por naturaleza habían fallado en el más importante acto interpretativo que era el poder entender la voluntad del Führer y, en ese sentido, no habían reparado en las palabras que el propio Hitler había pronunciado en el discurso del 23 de marzo de 1933 en el Reichstag, de donde se desprendía que solo le importaba la *inamovilidad* mas no *la independencia* y a ello asociaba que el punto

---

[33] Se trató del día después del incendio del Reichstag. En esa fecha se derogaron derechos fundamentales por el conocido *Decreto para la protección del pueblo y del Estado*. Vale recordar, asimismo, que el nuevo gobierno había aprobado el Decreto contra la traición al pueblo alemán y las actividades de alta traición, que borró las fronteras entre crítica y traición a punto tal que podía considerarse un acto de traición el hecho de afirmar que podrían haber sido los propios nazis los que, por razones propagandísticas, habían prendido fuego al Reichstag (Cfr. Ortner, Helmut, *El verdugo..., op. cit.*, p. 59).

[34] Véase al respecto Hannover, Heinrich y Hannover-Drück, Elisabeth, *Politische Justiz von 1918 bis 1933*, Hamburg, Lamuv, 1977 y Angermund, Ralph, *Deutsche Richtershaft 1919-1945*, Frankfurt am Mein, Fischer, 1990.

central de las decisiones judiciales giraría en torno de los derechos del pueblo antes que del individuo.[35]

Al parecer, ningún jurista de la época encontraba motivo para criticar las afirmaciones de Hitler y esta tónica habría de trasladarse al máximo tribunal alemán de entonces, el Reichsgericht, que decidiría agradecer expresamente a Hitler el hecho de que hubiera impedido toda injerencia en la administración de justicia. Es más, los juristas del Reichsgericht hablaron, en esa oportunidad, de «libertad interior» y de «independencia» del Derecho alemán, dos cosas sobre las que, como bien señala Ortner en su libro[36], Hitler no había dicho una sola palabra. Pero el límite del paroxismo se alcanzó cuando Hitler en su discurso llamó a «actuar con brutalidad inhumana» contra los enemigos de la «revolución nacional» y ninguno de los juristas de ese máximo tribunal se mostró perturbado.

Testimonio de lo dicho es hallable en el Deutsche Richterzeitung[37], donde se dejó constancia del fervor con el que fueron recibidos los procedimientos contra los enemigos del pueblo como así también de que el pragmatismo, la objetividad, la imparcialidad y la independencia fueron cuestiones de las que se podía prescindir por un tiempo en favor de la llamada *causa alemana*.

Así, en la sección «Zeitspiegel» de aquella publicación alemana de los jueces, Karl Linz, su presidente, expuso «las exigencias que la Unión de Juristas alemanes nacionalsocialistas había planteado en Leipzig el 24 de marzo de 1933»[38] respecto de los jueces pretendidamente inamovibles: había que limpiar de todos los tribunales alemanes, incluido el Reichsgericht, a todos los jueces y empleados de raza extranjera. Había también que retirarles, a todos los abogados de raza extranjera, el permiso para que sean miembros inscriptos de partidos marxistas como el SPD o el KPD y lo propio con aquellos jueces de ideologías marxistas.

Permeable a este tipo de planteos, que habrían de exacerbarse con la ley para la reforma del funcionariado profesional de abril de 1933, la judicatura se limpió rápida y fulminantemente de los judíos que la representaban adquiriendo, dicha medida, consecuencias importantes, aunque solo se tratara del

35 He aquí un pasaje de aquel discurso de Hitler: «En primer lugar, nuestro Derecho debe servir para preservar la comunidad del pueblo. La inamovilidad de los jueces debe corresponderse con la elasticidad de las sentencias a fin de preservar la sociedad. ¡El individuo no puede ser el centro de las preocupaciones jurídicas; es el pueblo el que debe ser el centro de esas preocupaciones!... ¡En el futuro, la traición al país y al pueblo se erradicará con brutalidad inhumana! La base de la existencia de la justicia solo puede ser la base de la existencia de la nación. ¡Por eso esta ha de tener siempre en cuenta el peso de las decisiones de aquellos que, bajo la dura presión de la realidad, tienen que organizar con responsabilidad la vida de la nación!» (cfr. *Im Ñamen des Deutschen Volkes..., op. cit.).*

36 Ortner, Helmut, *El verdugo..., op. cit.*, p. 62.

37 Angermund, Ralph, *Deutsche..., op. cit.*, p. 19 y ss. y Senfft, Heinrich, *Richter und andere Bürger*, Nordlingen, Greno, 1988, p. 121 y ss.

38 Ortner, Helmut, *op. et loc. cit.*

comienzo de la depuración ya que su punto de máxima expresión se alcanzaría con la promulgación de las leyes de Núremberg.[39] Ello no obstante, la mayor parte de la judicatura se mostró indiferente ante las persecuciones masivas de sus miembros.

Poco a poco, tanto jueces como juristas, es decir, aquellos encargados de construir una justicia, se fueron alineando a los mandatos que imponían el régimen nacionalsocialista y la propia voluntad del Führer.

---

[39] Las Leyes de Núremberg (Nümberger Gesetze) fueron una serie de leyes de carácter racista y antisemita en la Alemania nazi adoptadas por unanimidad el 15 de septiembre de 1935 durante el séptimo congreso anual del NSDAP celebrado en la ciudad de Núremberg (Alemania) y que tenían por finalidad proteger la *sangre alemana* (el texto completo sobre la ley de protección de la sangre alemana puede verse en Bonnard, Roger, *Le Droit et l'État dans la doctrine national-socialiste,* Paris, Librarte genérale de droit et de jurisprudence, 1939, pp. 49-50, cit. en Codino, Rodrigo, «Algunas consideraciones sobre Filippo Grispigni», en Grispigni, Filippo y Mezger, Edmund, *La reforma nacional-socialista,* Buenos Aires, Ediar, 2009, p. 115 y ss.). En razón de una de ellas, por ejemplo, se consideraba que constituía un delito el matrimonio celebrado entre los judíos y los nacionales de sangre alemana y las relaciones extraconyugales entre los judíos y los nacionales de sangre alemana. Esto era así dado que el judío era considerado socialmente peligroso, porque sin haber cometido todavía un delito, era señalado como uno de los responsables de la descomposición de la raza aria. El objetivo que se perseguía con esa ley era certificar que el judío era un enemigo de la raza y, como tal, portador del peligro de degeneración y de decadencia de la civilización alemana (cfr. Zarka, Yves-Charles, *Un detalle nazi en el pensamiento de Carl Schmitt,* Madrid, Anthropos, 2007, p. 42). Confirma ello Codino cuando refiere que «por ello se lo segregaba con medidas de seguridad de policía, se le impedía acceder al ejercicio profesional, a cargos en la administración pública y hasta bañarse en lugares públicos, medidas que indicaban la severidad y el horror del régimen. Lo cierto es que también podía devenir un delincuente peligroso porque lo llevaba en su sangre» (Codino, R., «Algunas...», *op. cit.,* p. 118.). Las leyes de Núremberg fueron redactadas por el jurista y político Wilhelm Frick cuando desempeñaba el cargo de Ministro de Interior del Reich (1933-1943), bajo la anuencia de Adolf Hitler y Julius Streicher como coautor. Frick era un reconocido antisemita y redactó estas leyes que impedían que el colectivo judío se relacionara racialmente con el pueblo alemán. Estas leyes raciales fueron el comienzo de la discriminación y persecución del colectivo judío en Alemania. Dichas leyes no apuntaban a discriminar a la etnia semita debido a sus creencias religiosas propiamente (judaísmo), sino que tenían relación con la misma comunidad judía y su objetivo central era evitar mezclas raciales judías con el pueblo alemán. Quien se encargó de difundir dichas leyes fue precisamente Julius Streicher, estrecho colaborador de Hitler, quien a través de su periódico *Der Stürmer* ayudó a concientizar a las masas alemanas de que el judío era una lacra social insertada en el pueblo alemán y que debía ser «extirpada como un tumor cancerígeno», tal como se explicaba en el libro de Hitler *Mein Kampf.* Así, Kaminski, H. E., en su libro *El nazismo como problema sexual* (Buenos Aires, Imán, 1940, p. 106) refiere lo que Streicher, en el verano de 1935, señalaba con total desprecio hacia el ser humano en general (lo que también recuerda Codino en el artículo mencionado): «En el zoológico he visto una vez a niños alemanes. Los niños y los maestros alemanes reían, estaban al sol y cuando se les observaba, se veía cómo consideraban los movimientos de los animales, los juegos de los animales. El rostro de los niños alemanes irradiaba alegría. Y luego vi clases escolares con niños judíos y profesores judíos. Iban en hileras y quedaban ante las jaulas de los animales. Pasaban indiferentes, pero quedaron extasiados ante las jaulas de los animales de presa. Esto está en la sangre. La sangre atrae la sangre. Este es un pueblo que vive desde hace milenios del robo. Esos niños volverán al robo siempre».

Dirá Ortner en su libro: «Pese a la Ley sobre el funcionariado profesional; pese a la supresión de los derechos fundamentales de la Constitución de Weimar; pese a la irritación por el terror de las SA, cuyas tropas fanáticas habían bloqueado todo intento de las autoridades judiciales de investigar sus actividades desenfrenadas, y a pesar también de la disolución de las asociaciones de jueces, casi toda la judicatura cerraba filas detrás del Gobierno nacionalsocialista»[40].

Al igual que la judicatura, los representantes de la ciencia del Derecho también se entregaron a la ideología nazi poniendo las investigaciones y la enseñanza al servicio de la puesta en marcha de la nación.

Esos profesores redefinieron el concepto de Estado de Derecho, en línea a lo que había declarado Hermann Göring en su discurso sobre la «imperialización de la justicia», al entender que el Derecho y las leyes de ese Estado se fundaban en la comunidad del pueblo (Volksgemeinschaft).[41] De esta manera, un jurista como Cari Schmitt, ideólogo del ala nazi, afirmaría pronto que «todo el Derecho alemán ha de estar dominado exclusivamente por el espíritu del nacionalsocialismo»[42] y, también, se esforzaría por introducir el elemento nacional en la concepción nazi del Derecho a fin de transmitir a la judicatura un pensamiento jurídico puro.[43]

Rápidamente la judicatura comprendió y aceptó las explicaciones de Schmitt orientadas a la independencia de los jueces y a la dependencia absoluta de la dirección política, en la medida en que se debía aceptar al Führer como juez supremo.[44]

Otro jurista que acompañó a Cari Schmitt en el proceso de fundar, justificar y perfeccionar el terror jurídico de los nazis fue Otto Koellreutter[45], quien

---

40 Ortner, Helmut, *El verdugo..., op. cit.*, p. 67.

41 *Im Namen des Deutschen Volkes..., op. cit.*, p. 110.

42 Müller, Ingo, *Furchtbare..., op. cit.*, p. 20.

43 Hofer, Walther, *Der Nationalsozialismus. Dokumente 1933-1945*, Frankfurt am Mein, Fischer, 1965, pp. 102 y 105.

44 En esa inteligencia, Schmitt afirmaba que «El Führer protege al Derecho contra los peores abusos cuando, en un momento de peligro debido precisamente a su condición de Führer, impone justicia inmediata como máximo señor de horca y cuchillo (...) El verdadero caudillo es siempre también juez. La calidad de juez emana de su condición. El que quiere separar una cosa de la otra, o incluso oponerlas, convierte al juez bien en contraführer o en instrumento de un contraführer, e intenta, con ayuda de la justicia, desquiciar al Estado (...) En realidad, lo que hizo el Führer fue auténtica jurisdicción. No está sometido a la justicia; fue, en sí, la justicia más alta...». Ortner, H., *El verdugo..., op. cit.*, pp. 70 y 311.

45 Según Hillermeier, Koellreutter, en su obra *El Estado alemán del Führer*, Mohr, Tübingen, 1934, aseguró a sus colegas profesores que «lo único que necesitamos es al hombre político y nacionalsocialista. Educarlo en el espíritu del Führer y, con ello, contribuir a poner los cimientos del Estado alemán del Führer, me parece hoy la tarea más importante de todos los profesores universitarios alemanes en el marco de su trabajo. Heil Hitler!». Cfr. Hillermeier, Heinz (ed.), *Im Namen des Deutschen Volks. Todesurteile des Volksgerichtshofs*, Darmstadt-Neuwied, Luchterhand, 1980, p. 26 y ss.

se sumó al conjunto de los profesores de derecho que querían adaptarse al nuevo régimen, superándose a través de la creación y adopción de nueva terminología (por ejemplo, delimitar el concepto de *Estado de derecho civil).* Así, en su opinión, dictar justicia era algo que solo debía hacer «un hombre enraizado en el pueblo y, por tanto, capaz de juzgar qué es beneficioso para el pueblo y qué es perjudicial»[46].

Estas y otras manifestaciones del campo académico fueron las que, por caso, con la legitimación de la teoría del Derecho, permitieron abolir gradualmente todos los principios del derecho penal[47] hasta llegar al punto en que se abandonaría la protección jurídica del individuo frente al Estado, por la protección del Estado frente al individuo. En otras palabras, ya no había protección del individuo, ni seguridad jurídica, pues lo único importante era la protección de la Volksgemeinschaft o comunidad del pueblo. Y ese derecho de protección, que de allí se derivaba, no se aplicó para defenderse de las asociaciones criminales sino, antes bien, de los adversarios políticos del sistema.[48]

Toda falta habría de considerarse una *traición,* violación a la fe jurada ante el Führer y al pueblo. El que violaba las leyes se colocaba fuera de la comunidad del pueblo, era un traidor y, por tanto, un enemigo del pueblo. Y de esta forma, en los procesos judiciales, por ejemplo, no se perdía el tiempo preguntando por qué un acusado había infringido una ley sino, únicamente, si el culpable seguía o no perteneciendo a la comunidad. Se trataba de un derecho penal de autor, donde lo que determinaba si valía la pena reinsertar al acusado en la comunidad del pueblo, o si se lo debía «extirpar», no era el

---

[46] Hillermeier, Heinz *op. et loc. cit.* Göring, en base a ello, se permitió describir al juez ideal diciendo que «En adelante, y a diferencia de lo que ocurría en el Estado liberal, no se tendrán miramientos con el individuo. Contra el delincuente, contra el enemigo del Estado y el enemigo de la comunidad del pueblo, solo hay una medida en lo tocante al grado y la ejecución de la pena: severidad absoluta y, en caso necesario, aniquilación total. Finalmente hemos aprendido que la forma del cráneo y otras características raciales del hombre no son ni una casualidad ni un dato indiferente, sino expresión y fundamento de su sentir y su voluntad más íntimos...». Cfr., *Im Namen des Deutschen Volkes..., op. cit.,* p. 110 y Ortner, H., *El verdugo..., op. cit.,* p. 71.

[47] En las tesis del nuevo derecho penal de la época, se leían párrafos como el siguiente: «El Derecho penal nacionalsocialista debe construirse sobre la base del deber de lealtad nacional; dicho deber es una obligación altamente nacional y, con ello, moral, para el pensamiento nacionalsocialista y alemán. Pues el pensamiento alemán ve armonía entre valoración moral, sentimiento del deber y sentimiento de justicia (...) La tarea del Estado nacionalsocialista consiste en castigar con una pena justa y reparadora al desleal que, con su traición, se ha apartado de la comunidad. El castigo justo sirve para consolidar, proteger y salvaguardar la comunidad del pueblo, pero también para educar y mejorar al criminal y compatriota que aún no esté perdido». Cfr... Ortner, H., *El verdugo..., op. cit.,* p. 72.

[48] Una comisión de Derecho Penal, presidida por el Ministro de Justicia Franz Gürtner, era la que se ocupaba de decidir si el ciudadano juzgado era aún aceptable para la sociedad, si se le debía castigar con severidad o si había que aplicar el principio de la «aniquilación total». Junto a ese *derecho de protección* también era importante el «deber de lealtad al pueblo».

delito cometido, sino la personalidad criminal. Subyacía detrás de esta concepción del derecho la idea de que «uno no se vuelve criminal; lo es».

Podría decirse que la contribución de la ciencia del Derecho al desarrollo y establecimiento de una justicia nacionalsocialista que despreciaba al individuo fue muy grande, y no debe olvidarse al respecto que el profesorado alemán contribuyó a ello, comprometiéndose con entusiasmo y de manera voluntaria para proporcionar la base teórica que permitiría la «barbarización» del Derecho.[49]

Pero, de la misma manera en que los jueces y los juristas -al decir de Ortner- tiraban todos de la cuerda nacionalsocialista, lo propio ocurrió con el colectivo de abogados que también fue objeto de depuración, hasta llegarse al extremo en que, en la primavera de 1933, la Unión de Juristas Alemanes Nacionalsocialistas declaró que nunca «dejaría de exigir que se excluyera sin excepción a todos los judíos de cualquier forma de actividad jurídica» y entre los abogados alemanes no se oyó una sola protesta. Más aún, las asociaciones regionales de abogados exigieron a sus miembros *no arios* que se dieran de baja y semanarios como el *Juristische Wochenschrift* indicaron, en las nuevas normas redactadas por la dirección, que solo se publicarían colaboraciones «escritas por arios».

Así lo explica Ortner: «La exhortación de Cari Schmitt en el sentido de que todo el Derecho alemán debía estar dominado única y exclusivamente 'por el espíritu del nacionalsocialismo', se había hecho realidad sin encontrar resistencia digna de este nombre. Jueces, fiscales, profesores de Derecho y el gremio de abogados marchaban del brazo formando el 'frente de juristas alemanes'. Unificación desde arriba; autounificación desde abajo»[50].

Esquematizando todo lo dicho hasta aquí, resulta posible afirmar que el contexto de época presentaba tres ejes claramente diferenciables: la comunidad del pueblo por un lado (Volksgemeinschaft), el líder de la misma (Führer) y la justicia nacionalsocialista. Todo aquel que pensara, sintiera o viviera de una manera diferente a la visión nazi del mundo, encarada por ese eje tripartito, sería catalogado como traidor, como enemigo del pueblo, y para enfrentar a esos enemigos y traidores estaban el Tribunal Popular y Roland Freisler con su ambiciosa carrera en ascenso.

Freisler, el Ministerio de Justicia del Reich y el Derecho Penal

Con las corporaciones de jueces, juristas y abogados totalmente subordinadas al discurso y las prácticas nazis, el Ministerio de Justicia prusiano tenía en Freisler a la persona indicada para desempeñar el cargo de subsecretario y ello tanto en razón de su capacidad, como de su excesivo celo por el trabajo, cualidades que el entonces ministro de Justicia, Hanns Kerrl[51], valora-

[49] Ortner, H., *El verdugo..., op. cit.*, p. 73.
[50] *Ib.*, p. 75.
[51] Hanns Kerrl (1887-1941) desempeñó el cargo de ministro de justicia de Prusia en 1933-Con posterioridad fue nombrado ministro del Reich para las cuestiones religiosas.

ba en él y que fueron determinantes para que le encargara la reforma de todo el Código Penal alemán.

Si bien en 1870 ya se habían cristalizado algunos intentos por reformar el código penal, del que solo se modificaron algunos fragmentos, para esa época, con el NSDAP en el poder, era menester una amplia reforma, en la que quedaran consagrados los principios rectores del Estado nacionalsocialista. Fue Roland Freisler el encargado de dicha tarea.

Kerrl y Freisler eran dos personas ambiciosas que no querían perder ni estabilidad política ni reputación. En ese sentido, ambos confeccionaron desde el Ministerio de Justicia prusiano una memoria titulada *El Derecho penal nacionalsocialista*[52], que buscaba insertar en la discusión de índole político-legislativa y académico-jurídica las bases más importantes del derecho penal nacionalsocialista[53], a sabiendas que tanto el Ministerio de Justicia del

---

52 La memoria del Ministerio de Justicia de Prusia se publicó en Berlín, en 1933, bajo el título *Nationalsozialistisches Strafrecht,* Berlín, R. v. Deckers Verlag, G. Schenk.

53 Cfr. Codino, R., «Algunas...», *op. cit.*, pp. 125-127, quien refiere que en esa memoria habían colaborado varios funcionarios y magistrados, dirigidos por el ministro Kerrl, y que el claustro de profesores universitarios estuvo solo representado por el profesor Klee de Berlín. Según sus autores, no se trataba de un proyecto de código penal, sino que simplemente aspiraba «a ser el esqueleto de un derecho penal nacionalsocialista y su envoltura con su carne y su sangre» (cfr. Cuello Calón, Eugenio, *El derecho penal de las dictaduras,* Barcelona, Bosch, 1934). Afirmaban los autores de la memoria -refiere Codino- que «la principal misión del derecho penal era la protección del pueblo alemán tanto en su vida presente, en su pasado como en su porvenir, la protección del estado como forma de vida del pueblo, la protección de la familia como célula del cuerpo del pueblo, de la capacidad de trabajo, de la maternidad, de la salud espiritual y corporal de la juventud alemana. Para ello se debía abandonar la idea de que la ley es la única fuente del derecho, por lo que el principio *nullum crimen nulla poena sine lege* era demolido. La verdadera fuente del derecho era la convicción jurídica del pueblo o el sano sentimiento popular. Como consecuencia directa la ley podía aplicarse por analogía y se permitía la retroactividad penal cuando en el momento de ejecución del hecho, la convicción general lo reputaba punible.

«Tampoco el derecho penal debía fundarse en una lesión a un bien jurídico, solo bastaba para reprimir el peligro que encerraba la acción ejecutada, por lo que para la imposición de la pena era indiferente que el delito haya o no causado resultado alguno. Por este motivo la memoria del ministro prusiano proclamaba el castigo de los actos preparatorios y de la tentativa imposible con excepción de la absolutamente imposible. Adoptando viejas tradiciones germánicas el derecho penal nazista fundaba la pena sobre la intención malhechora, la mala voluntad o la intención de hacer el mal (cfr. Cot, Marcel, *La conception hitlérienne du droit,* París, Librairie de jurisprudence ancienne et moderne, 1938, p. 89)».

«Otra de las novedades más importantes era el rechazo del sistema seguido por los proyectos alemanes de reforma y por los otros países que establecían la *doble vía,* o sea, la dualidad de medios de defensa social, es decir, de penas y medidas de seguridad. Se consideraba que esta se hallaba en contradicción con el fundamento de la reacción del estado contra el delincuente, que debía ser única. Este criterio (...) no fue seguido por la ley del 24 de noviembre de 1933 que introdujo junto a la pena un sistema de medidas de seguridad».

«Para alcanzar la pureza racial (...) se creaban delitos denominados *ataques a la raza* y entre ellos el más grave delito de *traición a la raza* consistía en la copulación entre un

Reich[54], como la Academia del Derecho Alemán[55], tenían a sus expertos trabajando fervorosamente en los borradores de un nuevo Derecho Penal.

---

alemán y alguien perteneciente a una raza extraña. Bajo el concepto de *raza extraña* se comprendían a los judíos y a los negros. Otra figura de delito racial se denominaba *ofensa al honor de la raza* y consistía en la relación pública con personas pertenecientes a razas de color cuando tenían lugar de modo desvergonzado con ofensa de los sentimientos populares, como, por ejemplo, bailar de modo indecente con un negro en una sala pública de baile» (cfr. Cuello Calón, E., *El derecho..., op. cit.*, p. 86, quien cita el artículo de Frick, «Die Rassenfrage in der Deutsche Gesetzgebung», *Deutsche Juristenzeitung,* 1934, p. 1 y ss).

54 Dirigido por el ministro Franz Gürtner. Gürtner había nacido en 1881 y había participado en la Primera Guerra Mundial recibiendo la Cruz de Hierro de primera y segunda clase. Fue ministro de Justicia de Baviera en 1922, y después ministro de Justicia del Reich entre 1933 y 1941. En 1924, durante el proceso de Hitler, hizo todo lo posible para que este gozara de un tratamiento de favor. Según refiere Marlis Steinert *(Hitler y el universo hitleriano,* Montevideo, Zeta, 2007, p. 267) le facilitó la liberación anticipada y el levantamiento de la prohibición del NSDAP, no siendo miembro de este. Cuando Hitler accedió al poder, Gürtner permaneció en su puesto. Su fervor católico, su negativa a afiliarse al partido, sus críticas a los libelos del tabloide nazi *Der Stürmer,* así como sus objeciones a las condiciones inhumanas del campo de concentración de Dachau, potenciaban su fama de persona íntegra (cfr. Koonz, Claudia, *La conciencia nazi. La formación del fundamentalismo étnico del Tercer Reich,* Buenos Aires, Paidós, 2005, pp. 200-202). Gürtner fallece en 1941 bajo circunstancias inhabituales, al parecer, envenenado luego de un viaje oficial a la Polonia ocupada -bajo el mando de Hans Frank- en el que habría manifestado un profundo malestar por el trato dispensado a judíos y a polacos (cfr. Koonz, *ib.*, p. 301), Cfr. Codino, R., «Algunas...», *op. cit.*, pp. 127/128.

55 Fundada en Múnich el 26 de enero de 1933 por Hans Frank y reconocida con el carácter de ente público del Reich a partir de 1934. Se trata del mismo Frank que había nacido el 23 de mayo de 1900 y que luego de haber militado en grupos de extrema derecha antisemita, se hizo miembro del partido nazi en 1923 y asumió el papel de uno de los más importantes *doctrinarios* del derecho nacionalsocialista. La Academia por él fundada era el órgano central para la preparación de las leyes nacionalsocialistas. Respecto de las actividades políticas de Frank, dan cuenta de ellas tanto Steinert *(Hitler y el universo..., op. cit.,* pp. 366 y 460) como Ian Kershaw *(Hitler. La biografía definitiva,* Iª ed. argentina, Barcelona, Ediciones Península, 2015, pp. 320-321 y 483) quienes nos permiten afirmar que el 26 de octubre de 1939 fue nombrado por Hitler gobernador general de la Polonia ocupada y calificado posteriormente como el *carnicero de Cracovia* o el *rey de Polonia.* Un mes después, ya como gobernador, Frank exponía con toda claridad lo que proponía para su provincia. Así, aseguraba que era un placer el poder enfrentarse por fin físicamente con la raza judía y expresaba: «cuantos más mueran mejor. Los judíos deberían ver que hemos llegado. Queremos llevar entre la mitad y tres cuartos de la población judía al este del Vístula. Los eliminaremos de todos los sitios que podamos. Está en juego aquí todo el asunto. Los judíos fuera del Reich, de Viena, de todas partes. No necesitamos para nada judíos en el Reich». «Sin embargo», refiere Codino, «se enfrentó con Himmler por una querella de competencias luego de que este fuera nombrado comisario para la consolidación de la etnia alemana y fundamentalmente por la deportación y suerte de los judíos que llegaban a su territorio. En una primera etapa contribuyó a la formación de los guetos, pero luego de la promesa de Hitler de verse librado de judíos, viajó a Berlín para encontrarlo en 1941» («Algunas...», *op. cit.*, pp. 130-131). La situación llegó a tal punto que con extrema crueldad decía: «tenemos en el gobierno general unos tres millones y medio de judíos. No podemos fusilarlos, no podemos envenenarlos, pero tenemos que ser capaces de tomar medidas que conduzcan de una u otra forma a conseguir su exterminio». Para finales de ese año, Frank realizaría una serie de reuniones con el objetivo fundamental de analizar la situación

Ferviente seguidor de Hitler, Freisler aplicaba sin problemas lo que podía entenderse como una de las máximas del Führer, pronunciada en su discurso del 23 de marzo de 1933: «no el individuo, sino el pueblo, ha de ser el centro de las preocupaciones de la justicia» y fue así como Freisler defendió la opinión de que el Estado totalitario solo tenía que estar al servicio de la «comunidad del pueblo» y diferenciarse así de la alternativa liberal, que únicamente se ponía al servicio del individuo.[56]

Con esta base discursiva y con el objetivo de ampliar el Derecho Penal con los principios del nacionalsocialismo, Freisler visibilizó su pensamiento en aquella memoria, sosteniendo entre otras ideas que el objetivo del Derecho Penal era la *aniquilación de las fuerzas que amenazan la paz* y *la reparación de los agravios punibles;* que lo importante era estabilizar el nuevo sistema, reforzando su seguridad exterior y preservando la interior; que la finalidad principal de una sentencia debía ser la «protección de la comunidad del pueblo contra los elementos que no se someten a la ley»[57]; que más allá de la naturaleza del delito, fuera esta criminal o política, correspondía considerar y tratar a todo criminal como a un enemigo del Estado, pues era ese Estado el que se encontraba librando una batalla contra la delincuencia; que era necesario proponer nuevas figuras penales como la de «protección de la raza y el carácter nacional» o la «vulneración de la teoría racial», y que el delito más grave era la traición.

De sus ideas y pensamientos, se advierte sin esfuerzo que el discurso que empleaba para exteriorizarlos, sea en el campo verbal o en el propio textual, se nutrían de un lenguaje en el que campeaban las tesis schmittianas sobre el Estado total y la lógica amigo-enemigo, que actuaban como puntos fundacionales de todas sus reflexiones[58]. Y es por esta razón que para Freisler no cabía la posibilidad de un enjuiciamiento en el cual se establecieran distingos entre criminales, ya que todos sin excepción eran enemigos del Estado. De ahí que el Derecho Penal para él se significaba en términos de lucha contra esos enemigos a los que había que aplicarles todas las armas disponibles con el máximo de los rigores, pues antes que tratar de juzgar a esos criminales -a los que llegó a llamar «bestias»- había que eliminarlos por resultar enemigos del Estado nacionalsocialista.

---

polaca hasta que en el seno del gobierno del Reich se decidió *la solución final.* Detenido por los aliados en mayo de 1945 fue condenado a la pena de muerte por el Tribunal de Nürnberg y ahorcado el 16 de octubre de 1946.

56 Ortner, H., *El verdugo..., op. cit.,* p. 77.

57 *Nationalsozialistisches Strafrecht, op. cit.,* p. 6 y ss.

58 Para un comparativo entre la ideología de Carl Schmitt y Roland Freisler puede consultarse el texto del catedrático de Filosofía del Derecho de la Universidad de Milán, Cattaneo, Mario A., «Carl Schmitt y Roland Freisler: la doctrina penal del nacional-socialismo", trad. de Nicolás García Rivas (UCLM), en Luis A. Arroyo Zapatero e Ignacio Berdugo Gómez de la Torre (dirs.), *Homenaje al Dr. Marino Barbero Santos: in memoriam,* vol. I, Cuenca, Ediciones de la Universidad de Castilla-La Mancha y Ediciones Universidad de Salamanca, 2001.

En la mencionada memoria, que nos sirve hoy de documento testimonial de su pensamiento[59], Freisler aclaraba que no buscaba «tomar ninguna decisión sobre la antigua y larga polémica teórica y académica en el seno de la ciencia del Derecho Penal», sino, tras «descender a las profundidades de la ideología nacionalsocialista, elevarse a las alturas desde las que dominaba la tarea que el pueblo encargaba a la administración de justicia a través del Estado, para así presentar la base de un Derecho Penal nacionalsocialista aún por crear»[60].

Sin perjuicio de lo que en febrero de 1934 fuera a decir en el citado artículo, Freisler ya había hecho algunas manifestaciones en torno a su concepción del Derecho Penal y a cuál debía ser su fin último. Así, ya en 1933[61] afirmaba que el Derecho penal es el espejo de la actitud del pueblo: *«Strafrecht ist ein Spiegelbild der seelischen Haltung des Volkes»*, y consideraba que el Derecho penal que precedía al período nacionalsocialista era, a su juicio, de cuño individualista pues se preocupaba, sobre todo, de la protección de los intereses materiales del ciudadano, así como también de focalizar en forma excesiva en la figura del delincuente. De ahí que sostuviera que esa tutela se encuentra presente también en los «Estados totalitarios», pero no de un modo primario[62] ya que -según lo afirmara[63]- el Derecho penal del Estado totalitario se caracteriza por tutelar al pueblo mismo, su comunidad de sangre y de destino y es precisamente ese pueblo alemán el que, guiado por el hombre al que la historia había elegido para ese fin, se había despertado, alcanzando la conciencia de sí. De esta manera, la revolución había generado el nuevo Estado alemán que se identificaba con el pueblo organizado: *«Dieser Staat (...) soll das organisierte Volk selbst sein. Er ist die Lebensform des Volkes»*[64].

Más adelante, en 1935, en otro de sus trabajos, Freisler afirmaba que el nacionalsocialismo estaba obligado a construir al Derecho penal sobre la base de un concepto material de antijuridicidad que sustituyera al concepto formal.[65] En el mismo año y en otro artículo de su autoría[66], Freisler sostenía la

---

59 Ortner nos recuerda que de esa memoria se repartieron unos quince mil ejemplares entre los juristas de toda Alemania, lo cual da cuenta del alcance y predicamento que logró alcanzar el pensamiento de Freisler en la época (Ortner, H., *El verdugo..., op. cit.*, p. 78).

60 Como lo dejó dicho en su artículo «Nationalsozialismus und aufbauende Kritik», publicado en la revista *Deutsche Justiz*, febrero de 1934, p. 223 y ss.

61 En su artículo titulado «Gedanken zur Strafrechtserneuerung», en *Nationalsocialistisches Strafrecht. Denksschrift des Preussischen Justizministers*, Berlín, 1933, pp. 6-7.

62 Decía en su original: *«totale Staaten, wie sie in Europa - wenn auch mit verschiedenstem zugrunde liegenden Ideengehalt und in verschiedenster Rechtsform - das dritte Deutsche Reich, das faschistische Italien und Sowietunion darstellen»*.

63 Freisler, Roland, «Gedanken...», *loc. cit.*

64 *Ib.*, pp. 8-9.

65 Freisler, Roland, «Schutz des Volkes oder des Rechtsbrechers? Fesselung des Verbrechers oder des Richters? Einiges über das zweckmässige Mass der Bindung des Richters an gesetzliche Straftatbestände», en *Deutsches Strafrecht*, 1935, nº 1-2, p. 32.

66 Freisler, Roland, «Der Wandel der politischen Grundanschauungen in Deutschland und sein Einfluss auf die Erneuerung von Strafrecht, Strafprozess und Strafvollzug», en *Deutsche Justiz*, 1935, p. 1251.

contraposición entre la concepción *material y formal* del Derecho, lo que le va a permitir afirmar que el Derecho penal nacionalsocialista se encuentra mucho menos interesado en la claridad de las normas legislativas que en la justicia material cuya fuente es el sano sentimiento del pueblo alemán. De esa forma, «la certeza del Derecho para el ciudadano queda garantizada mediante la seguridad de la vida del pueblo. Semejante doctrina no puede dejar de influir en la técnica de redacción de las leyes penales: las cláusulas generales *[Generalklauseln]*, la admisión de la analogía *[Zulabung der Analogie]*, el reconocimiento del sano sentimiento del pueblo como fuente del Derecho *[Anerkennung des gesunden Volksempfindens als Rechtsquelle]* son criterios admitidos en el Derecho penal del nacionalsocialismo. En consecuencia, la vinculación del juez a la ley se transforma en vinculación al Derecho, pues es este el medio para lograr la justicia material»[67-68]

Pero la publicación de Freisler en la revista *Deutsche Justiz* de febrero de 1934 llevaba otra finalidad: la de obtener prestigio como cocreador y autor de un nuevo Derecho penal nacionalsocialista y un reconocimiento de su trabajo en los círculos de juristas, a fin de poder hacerse conocer e instalarse con sus ideas reformadoras en el campo académico, así como en su labor de subsecretario, y ello con vistas a promocionar aquel tipo de pensamiento. Fue así entonces como en aquella publicación abordó la crítica formulada por un profesor de Derecho de la Universidad de Jena, el Dr. Gerland, que, según él mismo afirma, era un profesor de esa universidad desde hacía años y era un penalista de orientación no precisamente nacionalsocialista. Las notas del profesor de Jena, de las que Buchheit da cuenta en su libro[69] y que Freisler calificara de «crítica constructiva», estaban más bien al servicio de la propia vanidad de ese profesor, con lo que Freisler, además de la publicación de febrero, utilizó la publicación de abril de ese mismo año de *Deutsche Justiz* para rebatir y desmentir punto por punto las objeciones expuestas por Gerland a la memoria elaborada por Freisler y Kerrl.

Más allá de ello, al principio nada de lo hecho resultó de utilidad para Freisler en relación con lo que él ambicionaba. Pero con la entrada en vigor de la Ley contra los delincuentes comunes de noviembre de 1933 y más tarde, con la Ley del 24 de abril de 1934 que condujo a un drástico endurecimiento de las penas para los casos de alta traición y traición a la patria (con inclusión, a menudo, de la pena de muerte), el éxito rotundo perseguido por Freisler se encaminaba en la dirección que consideraba necesaria pues iba en línea con su concepción del Derecho penal.

Para no descuidarnos, quizás convenga recordar aquí que, en la concepción de Freisler, el liberalismo, al que él calificaba de individualista, presentaba serios problemas a la hora de justificar la pena de muerte y ello por cuanto

---

67 Cattaneo, Mario A., «Carl Schmitt...», *op. cit.*, p. 150.
68 Freisler, Roland, «Der Wandel...», *loc. cit.*
69 Buchheit, Gert, *Richter..., op. cit.*, p. 81 y ss.

supone la destrucción de la persona. Esos problemas justificativos no solo eran propios de aquel tipo de castigo extremo, sino que, desde su perspectiva, también eran inherentes a la pena de prisión.

Esas argumentaciones perseguían un fin muy concreto: contraponer al liberalismo individualista los principios del nacionalsocialismo y así, desde esta última perspectiva, se podía afirmar que aquellos problemas no existían, ya que la base sustentadora de la cual partían esos principios era la unidad existente entre pueblo y Estado, en la que el individuo constituía parte de esa unidad. De esta forma, Freisler contrapone radicalmente la concepción jurídico-penal liberal con la del sistema totalitario, con lo que, mientras para la primera la pena representa siempre un problema, para la segunda, no es más que la «necesidad» del pueblo.[70]

Debemos a Use StafF[71] la publicación del discurso pronunciado por Freisler en 1936, donde sostenía que la aspiración a una imposición justa de la pena por parte de los juristas del nacionalsocialismo se basa en el siguiente criterio: que la respuesta del Estado contra el traidor sirva para reforzar tanto interna como externamente la lucha para la vida del pueblo.[72] Luego, a ese traidor había que aniquilarlo (vernichtet).

La pretensión de Freisler era la de una justicia que dictara rápido sentencias duras[73], en particular aquellas que involucraban a «criminales políticos» ya que, según opinaba, eran los peores traidores y enemigos del Estado.

Disuelto el Ministerio de Justicia prusiano como consecuencia de la *imperialización de la justicia,* Freisler asumió como subsecretario del Ministerio de Justicia del Reich alemán el 1° de abril de 1934. Allí, junto al doctor Schlegelberger, subsecretario mayor que él, se erigió en el garante de la ideología nazi y, entre sus tareas, tal vez la más destacada le cupo cuando quedó a cargo de la dirección del informe que se elaboró en el ámbito del Derecho penal -de particular interés para el partido-, a lo que se sumó la organización del sistema judicial y el que constituyó el mayor de sus desafíos: el Tribunal Popular.

Freisler plasmó sus opiniones respecto del Tribunal Popular en un artículo que escribió específicamente sobre esa institución[74]. Allí dejó bien en cla-

---

70 Freisler, Roland, «Der Wandel...», pp. 1152-1153.

71 Staff, Use, *Justiz im Dritten Reich: Eine Dokumentation,* Frankfurt, Fischer, 1964.

72 Freisler, Roland, «Der Rechtswahrer im Kampfe des Vierjahresplanes», in *Deutsche Justiz,* 2 Halbjahr, 1936, p. 44.

73 Buchheit, Gert, *Richter..., op. cit.,* p. 90, cita un artículo publicado por Freisler en la *Revista de la Academia del Derecho Alemán* en marzo de 1935, p. 90, en el que quedó plasmada su opinión respecto de la celeridad de los procesos. Así se expresaba: «La acusación debe presentarse dentro de las veinticuatro horas siguientes (...) transcurridas otras veinticuatro horas debe disponerse ya de una sentencia y el criminal debe conocer su castigo de inmediato (...) Hay que poner fin a la época en que las circunstancias atenuantes eran la norma...».

74 Freisler, Roland, «Der Volksgerichtshof», *Revista de la Academia del Derecho Alemán,* marzo de 1935, p. 90.

ro que su intención era convertir a ese órgano en un nuevo tribunal penal del Reich. En el Tribunal Popular yacía -para Freisler- «el punto de cristalización de un tribunal penal alemán general», cuya importancia solo se podía apreciar y valorar imaginando la administración del Derecho penal en ese momento y en el futuro. Y aunque con todas esas ideas, para aquella época, Freisler pudo tener la intención de llegar a ser presidente del Tribunal, se declaró a favor de un tribunal penal alemán equivalente al tribunal civil del Reich[75]. «Sería el guardián de la unidad del Derecho, un combatiente por el desarrollo del Derecho, el protector de la seguridad del Derecho, todo al mismo tiempo». Y a su voluntad de que ese Tribunal Popular, que él imaginaba, fuese una institución jurídica omnicomprensiva, agregaba su fascinación por la idea de «confirmar la existencia de un tribunal tan próximo al pueblo como el Tribunal Popular, para así valorar el desarrollo de un tribunal penal popular y exclusivamente alemán firmemente arraigado en el pueblo»[76].

Con Franz Gürtner como ministro de Justicia del Reich, Freisler desarrolló una actividad aún más febril que la que desempeñara como dependiente de Kerrl, a punto tal que llegó a ser considerado la persona más destacada del ministerio y ello en razón de su omnipresencia, de su capacidad oratoria que le permitía hablar de casi todos los temas y de su prolífica obra, puesto que, para entonces, Freisler escribía sobre los temas más variados. A punto tal llegó la profusión de sus publicaciones[77] y de sus conferencias, que poco a poco se fue consolidando su reputación e hizo que los juristas del NSDAP lo terminaran apodando el «frenético Roland».

Para esa época, la devoción de Freisler por el Führer y por el nacionalsocialismo había alcanzado los niveles del fanatismo, y muestras de ello sobran en los archivos de historia y archivos jurídicos, donde puede verse, sin esfuerzo, cómo podía ponerse Freisler cuando sospechaba de un acto de traición al pueblo, al gobierno o al partido. Un ejemplo cabal de lo dicho es su artículo publicado en la revista *Deutsche Justiz* el 30 de junio de 1934 cuando, tras la ejecución sanguinaria e ilegal de los golpistas de Röhm y de un sinnúmero de opositores al régimen nazi, decidió salir en defensa de la legalización de esa violación indiscutida de la ley apoyando al Führer.[78]

---

75 Ortner, H., *El verdugo...*, *op. cit.*, p. 82.

76 Freisler, R., «Der Volksgerichtshof...», *loc. cit.*

77 Las principales ideas que Freisler trató en su inmensa producción como propagandista fueron siempre las mismas: el Führer, el pueblo, el partido, el Derecho, la Justicia. Así lo demuestran los títulos de muchos de sus escritos: «El juez, el Derecho, la ley» (publicado en *Deutsche Justiz*, 1934); «El acto del Führer es nuestro deber» (publicado en *Deutsche Justiz*, 1934); «Las tareas de la justicia del Reich, desarrolladas a partir de la concepción biológica del Derecho» (publicado en *Deutsche Justiz*, 1935); «Sobre la protección de la administración del Derecho Penal a los parásitos del pueblo» (publicado en *Deutsche Richterzeitung*, 1938); «El Reich y el Derecho» (publicado en *Deutsche Justiz*, 1939) y así hasta 1941, año en que publicó «¡El penalista alemán piensa, habla y escribe en alemán!» (publicado en *Deutsche Justiz*, 1941).

78 Freisler, Roland, «Des Führer Tat und unsere Pflicht», *Deutsche Justiz*, Edición B, n° 27, p. 850. Decía allí: «Una lluvia limpiadora ha caído con fuerza sobre los gaue alemanes

El fanatismo de Freisler fue el que lo llevó a que prestara mucha atención al proceso de producción legislativa nacionalsocialista y a la ampliación de una legislación despiadada de aquel cuño. Y este interés, no solo lo puso de manifiesto como autor de innumerables artículos para publicaciones especializadas, como ya hemos visto, sino en particular como coautor del informe en dos volúmenes sobre el trabajo de la comisión oficial de derecho penal, que apareció en 1935 bajo el título *Derecho penal alemán del porvenir,* editado por Gürtner, el ministro de Justicia de entonces, volúmenes a los que pertenece el texto que integra el trabajo que se acompaña.

El informe, que constituyó la obra maestra de Freisler, fue asimismo la piedra angular para que este pudiese difundir, en su calidad de subsecretario, su concepción del Derecho, lo que hizo a través de diversas conferencias y artículos como forma de fortalecer su influencia tanto jurídica como política.

Así, la totalidad de sus ideas podría resumirse a partir de tres factores, que son aquellos sin los cuales resultaría imposible evaluar los años venideros en la vida de Freisler, como tampoco la historia y la práctica del Tribunal Popular, por cuya creación se pronunció con mucha vehemencia. Estos tres factores fueron: el papel de la traición, lo que ello significaba para la comunidad del pueblo y, finalmente, el principio del Führer.

El factor de la traición era quizás compartido por la mayoría de los alemanes de entonces, ya que se consideraba que el Reich alemán había perdido la Primera Guerra Mundial por un acto de traición cometido a espaldas del frente y esta idea influyó sobremanera en un Freisler que luego, como presidente del Tribunal Popular (Volksgerichthof), actuaría con increíble fanatismo frente a un sinnúmero de acusados.[79]

Por su parte, el segundo factor, es decir, la significación que los nazis daban a la traición -ya no como un crimen ideológico individual sino como una traición a la *comunidad del pueblo* (Volksgemeinshaft)-, venía de la mano de la concepción que se tenía del régimen, pues se lo consideraba como la forma más elevada de expresión de aquella comunidad y, por tanto, aquella se encontraba teñida de la determinación a impedir que una parte del pueblo se alzara contra otra. Esto significaba que ya no existían clases, sino un solo

y con ella han desaparecido el bochorno y la atmósfera agobiante. Fresco y limpio y nuevo es ahora el aire, y con el ánimo alegre y fuerza multiplicada prosigue cada uno su trabajo. La tormenta estalló de un modo fulminante y con la exactitud de una máquina de precisión se pusieron en marcha las tareas de limpieza. Largas noches, llenas de angustia y preocupaciones pasó el Führer; semanas enteras con el convencimiento creciente de que semejante traición era imposible; semanas en que la frivolidad y la falta de carácter de los propios traidores fueron acumulando peso hasta que la balanza se inclinó inexorablemente en su contra, hasta que el Führer tuvo la dolorosa certeza de que lo imposible se había hecho realidad. ¡Traición! Y después se hizo justicia: una sentencia como nunca ha habido más justa y necesaria en el mundo, cuyo fallo brotó directamente de la fuente clara y profunda de nuestro Derecho consuetudinario alemán; un juicio que, en consecuencia, aplicó el Derecho en el sentido más alto».

[79] Ortner, H., *El verdugo..., op. cit.*, p. 87.

pueblo, y que aquel que infringía las leyes del Estado elegía ponerse por fuera de la propia comunidad del pueblo[80] y, por tanto, contra el pueblo, como un enemigo de este.

En cuanto al principio del Führer, este importaba el reconocimiento de su autoridad y poder. Se trataba de un poder que iba desde la comunidad más pequeña hasta la propia dirección del Reich, que no reconocía limitación alguna, que era absoluto, que implicaba la obediencia incondicional a las órdenes del Führer y que su voluntad era la medida de todos los actos. De esta forma, las órdenes que provenían de lo más alto, y debían ser aplicadas por mediación de un entramado de instituciones y autoridades, se convertían en el instrumento decisivo del Estado nacionalsocialista.[81]

Se trataba de un principio que incluso debía respetar todo juez en la sala de audiencias, ya que era el juez y solo él quien debía conducir el debate y sustanciar todas las vistas. Y así, en el desarrollo de los juicios, el desempeño del juez debía ser más importante que los expedientes del caso.[82]

Esta situación es la que Ortner toma para sostener que «en un Estado en que el citado principio tenía validez absoluta, la lealtad sin límites fue la consecuencia lógica. El que se ponía en contra del Führer y de la comunidad del pueblo, cometía una violación de la fe jurada, lo cual, a su vez, constituía traición»[83].

La inviolabilidad del mencionado principio degradaba a los individuos a la categoría de meros receptores pasivos de las órdenes y los excluía de toda forma de decisión activa y ello como consecuencia de la estrecha vinculación que existía entre los tres factores mencionados. En efecto, para Freisler, todo individuo carecía de la posibilidad de elección dado que no se podía estar a favor o en contra de la pertenencia a la comunidad del pueblo, según los factores que ya hemos analizado.

Es decir que la traición, la comunidad del pueblo y el principio del Führer, si bien eran cuestiones claramente diferenciables, obraban como un gran todo a la hora de justificar el pensamiento nazi, y Freisler no lo desconocía.

Con el fallecimiento de Gürtner, ministro de Justicia del Reich, en enero de 1941, el subsecretario Schlegelberger quedó a cargo interinamente del ministerio de justicia y Freisler ocupó su lugar, en el que, a causa de sus trabajos administrativos suplementarios, debió limitar considerablemente su actividad propagandista. Sin embargo, en esa función, Freisler representó al ministerio

---

80 *Ibidem.*

81 En 1937 se dejó dicho en las *Verwaltungsblätter* que: «La autoridad del Führer no es una competencia. No es el Führer quien hace el cargo; el Führer modela el cargo según su misión (...) La autoridad del Führer no conoce vacío de competencia. La autoridad del Führer está por encima de toda competencia. La autoridad del Führer es total».

82 Freisler afirmaría que los vocales y los escabinos tenían que conceder al papel conductor del juez incluso el privilegio ante el Derecho.

83 Ortner, H., *El verdugo..., op. cit.*, p. 89.

en la Conferencia de Wannsee, el 20 de enero de 1942 donde se trataron, en detalle, los planes de lo que se conocería como la Solución Final[84]: el asesinato de todos los judíos europeos.

Sin embargo, la suplencia de Schlegelberger no habría de ser eterna. Un año y medio después de la muerte de Gürtner, el gobierno ya tenía a su reemplazante. Así, un miembro del partido y hasta ese momento presidente del Tribunal Popular, Otto Georg Thierack, ocupó el puesto vacante; y la presidencia del Tribunal Popular (Volksgerichthof) que él dejaba, se la dieron a quien cumplía con todos los requisitos para el cargo: Roland Freisler.

A lo mejor esa decisión no fue la esperada por Freisler ya que siempre había aspirado a ejercer el máximo cargo y, por tanto, la consideró como una derrota personal. Pero a pesar de que siempre mostró su apego a la eficacia legal -a la que se comprometía tanto con su rapidez mental como con su oratoria, que ponía al servicio del histrionismo y el fervor nacionalsocialista antes que del purismo técnico-jurídico-, Freisler nunca pudo acceder al cargo de Ministro. De acuerdo a Uwe Wesel, esto se lo puede atribuir a dos factores: primeramente, porque era considerado como un luchador solitario que carecía de cualquier tipo de influencia. En segundo lugar, porque las acciones de su hermano Oswald lo comprometían, en tanto este, a pesar de ser un miembro del partido, aparecía como el consejero de defensa en los juicios políticamente significativos que los nazis pretendían usar con fines propagandísticos. Así, Wesel afirma que el ministro de propaganda nazi y amigo personal de Hitler, Paul Joseph Goebbels, reprobó a Roland Freisler por esos hechos y reportó el incidente a Hitler quien, por su parte, decretó la inmediata exclusión de Oswald Freisler del partido. A ello se sumaba que su pasado bolchevique lo tornaba altamente sospechoso a los ojos de Hitler y de los oficiales nazis. Por estas razones, más allá de ser el más temido de los jueces y representar la encarnación de la justicia sangrienta del movimiento, este personaje jamás llegaría a ser Ministro de Justicia. Quizás las palabras de Weinrich[85] de 1927 perduraban aún en el tiempo.

Guido Knopp[86], por su parte, y contrariando en cierta medida las afirmaciones de Wesel, refiere que Goebbels era el único líder nazi que tenía buena predisposición hacia Freisler y así, en 1941, en una discusión de mesa redonda en los cuarteles generales del *Führer,* Goebbels habría propuesto a Freisler como sucesor de Franz Gürtner, Ministro de Justicia del Reich que había falle-

---

[84] Quizás la obra más reciente en nuestro país, que ha historiado las diferentes etapas por las que se tuvo que atravesar para llegar a una excesiva radicalización de decisiones criminales que habrían de tomarse sobre la cuestión judía, y que fueron paulatinamente procesadas y racionalizadas por decenas de miles de funcionarios involucrados en el proceso de destrucción, sea la de Daniel Rafecas, *Historia de la Solución Final. Una indagatoria de las etapas que llevaron al exterminio de los judíos europeos,* Buenos Aires, Siglo XXI, 2014.

[85] Ver *supra* nota 25.

[86] Knopp, Guido, 'The Hanging Judge»..., *op. cit.,* p. 228.

cido, ante el propio *Führer*. Sin embargo, su pasado con los rusos no era desconocido por Hitler quien personalmente le habría bajado el pulgar para semejante cargo.[87]

Contribución a la nazifícación del estado, del derecho y del estado de derecho

Freisler definió reiteradamente el Estado de Derecho como *el estado nacionalsocialista en que el individuo no tenía capacidad de decisión libre y subjetiva?*[88]. En este sentido su definición era en un todo conteste con su pensamiento respecto del *principio del Führer,* así como también de la comunidad del pueblo.[89]

Esta definición pone de resalto algo que a estas alturas de nuestro relato ya es fácil deducir: el Estado de Derecho nacionalsocialista puede existir en la medida en que todos los individuos dejen de lado su libre albedrío y acepten una idea determinista existencial por el solo hecho de pertenecer a la comunidad del pueblo.

Pero la definición de *Estado de Derecho nacionalsocialista* que estaba orientada a enfrentar la noción de *Estado total,* no lo era para reforzar los derechos individuales, sino para evitar el peligro de que el Estado se volviera un fin en sí mismo. Sin perjuicio de ello, quede en claro que ni el individuo ni el Estado total eran los destinatarios sino, antes bien, el pueblo, la propia *raza germánica.*

De esta forma, carecía de sentido la división de poderes, cuestión que -como enseña Ortner- Freisler ya había anticipado al considerarla una herencia ya superada de un tiempo en que la desconfianza se había instalado entre el pueblo y sus dirigentes políticos, y así sostuvo que en la Alemania nacionalsocialista ese lugar (el de los poderes constituidos del estado), lo ocupaban la unidad orgánica entre el Führer y sus adeptos, «la confianza en la unidad sana del pueblo y la fe en la fuerza de ese pueblo para preservar una actitud unitaria a lo largo de toda la historia»[90].

La pertenencia a la comunidad se daba en el marco de un pueblo claramente racista, y esta categorización, Freisler, en modo alguno, buscaba disimularla. Así, en sus propuestas de reforma del Código Penal, ya había dicho en 1933 que el suelo y la sangre eran los «valores alemanes más sagrados», a lo que agregaba que «el punto de vista biológico es propio del

87 Según algunas fuentes, al parecer la respuesta de Hitler a Goebbels habría sido «¿Ese antiguo bolchevique? ¡No!» (cfr. Wesel, «Drei Todesurteile pro Tag», *op. cit.).*

88 Freisler, R., «Der Rechsstaat», en *Deutsche Justiz,* 1937, p. 151 y ss.

89 Así, bueno es recordar que en su artículo de 1937 titulado «El estado de Derecho'' sostuvo que «solo la fuerza del pueblo unido nos hará capaces, como lo fuimos una vez, de contener con carga concentrada al carro blindado que amenaza a nuestro frente. Nuestra idea de Estado de Derecho es la forma organizada en que ponemos en acción la carga concentrada para proteger a nuestro pueblo».

90 Freisler, R., «Rechtspflege und Verwaltung, Justizverwaltung und Richtertum», publicado en *Deutsche Juristenzeitung,* 1934, p. 167 y ss.

nacionalsocialismo. El nacionalsocialismo ve al pueblo, y a su desarrollo interno y externo, desde un punto de vista biológico y la biología determina su historia, a su vez determinada biológicamente por la fijación de objetivos vitales del pueblo por la correcta elección del camino que permite hacer realidad esos objetivos. Y al nacionalsocialista también el Derecho le parece biológico. Tenemos otra idea de la esencia del Derecho, distinta de la de quienes, antes de nosotros, lucharon consigo mismo y con el mundo por el conocimiento del Derecho...»[91].

Al año siguiente de publicar el artículo cuya cita dejamos transcripta en el párrafo precedente y sobre la base de que el Derecho alemán encontraba sus fundamentos en la concepción de la *sustancia biológica del pueblo,* Freisler escribe otro en el que sostuvo necesario imponer una «unidad a la mezcla de razas que se ha dado en Alemania a lo largo de los siglos»[92].

Con esos escritos, Freisler logró posicionarse en el círculo áurico de los propagandistas darwinistas radicalizados que ejercieron gran influencia sobre personajes como Hitler, Himmler y otros dirigentes del partido. A su vez, el culto a la raza -propiciado en esos escritos-, cuya aplicación buscaba para la futura reforma del Derecho, pronto halló su lugar en la legislación. Así, el 15 de septiembre de 1935 entró en vigencia la Ley para la protección de la sangre alemana y el honor alemán, que en los hechos no fue más que una cláusula general para todos los *ataques a la raza* concebibles y, con ello, para todas las violaciones posibles de las leyes de Nürnberg.[93]

Esa legislación racial, que no hacía más que mostrar el mayor de los desprecios hacia el ser humano, fue el principio de la persecución y asesinato sistemáticos de judíos; la antesala fundante de la Conferencia de Wannsee.[94]

En la mencionada inteligencia y ya en 1933, Freisler, que era un defensor de leyes estrictas contra lo que se conoció como *Rassenschande*[95] (a la que no dudaba en catalogar como un hecho corrupto y de traición), había publicado un panfleto mediante el cual exigía la prohibición de relaciones sexuales de «mezcla de sangre», sin importar la proporción de «sangre extraña» involucrada, lo que le significó enfrentar una fuerte crítica pública, al tiempo que el retiro de apoyo sobre el tema por parte de Hitler. Esta circunstancia, además, lo enfrentaría con su entonces superior Franz Gürtner.[96]

---

91 Freisler, R., «Die Aufgaben der Reichsjustiz», desarrolladas a partir de la concepción biológica del Derecho, en *Deutsche Justiz,* 1935, p. 468 y ss.

92 Freisler, R., «Schutz von Rasse und Erbgut im werdenden deutschen Strafrecht», publicado en la revista de la *Akademie des Deutschen Rechts,* 1936, p. 142 y ss., y «Zur Reichstagung der deutschen Ärzte des öffentlichen Gesundheitsdienstes», publicado en *Deutsche Justiz,* 1939, p. 946 y ss.

93 Ortner, H., *El verdugo..., op. cit.,* p. 91.

94 Ver *supra* nota 84.

95 Literalmente el término significa «vergüenza racial» y era el empleado por los nazis para hacer referencia a las relaciones sexuales mantenidas entre «arios» y «razas inferiores».

96 Koonz, Claudia, *La conciencia nazi..., op. cit.,* pp. 173-174.

Ello no resultó óbice sin embargo para que publicara otro artículo[97] en donde sostuvo que «los jóvenes extraños a la raza, los racialmente degenerados, los racialmente incurables o aquellos seriamente defectuosos» debían ser enviados a centros juveniles o correccionales de educación y ser segregados de aquellos que eran «alemanes y racialmente valiosos»[98].

Freisler a lo largo de su vida nacionalsocialista mostró un particular interés por la ampliación de una legislación despiadada, lo cual lo llevó a confeccionar listas de actos delictivos que hasta ese entonces no figuraban en el Código Penal y que él en persona, después de 1938, se encargó de elevar a figuras penales mediante una amplia interpretación de lo que debía entenderse por traición. Así, la más mínima crítica debía ser considerada un crimen y ello en virtud de que, para Freisler, solo de esa forma se podía garantizar que el Derecho volviera a ser la encarnación de una *ética del pueblo.*

Ya en octubre de 1939, y por obra del propio Freisler, se incorpora el concepto de «delincuente juvenil precoz» en el «Decreto de Jóvenes Criminales». Este decreto «proporcionaba las bases legales para imponer la pena de muerte y las condiciones del encierro penitenciario a jóvenes adolescentes por primera vez en la historia judicial alemana»[99]. Debido a este decreto, más de setenta y dos jóvenes fueron sentenciados a muerte, entre ellos Helmuth Hübener[100], de 17 años, quien fue declarado culpable de alta traición por repartir panfletos antibélicos en 1942.

También en materia de criminalidad juvenil el «Decreto contra los parásitos nacionales», en septiembre de 1942, introdujo el concepto de «tipo de autor» que, empleado en combinación con otro concepto nazi, el de «parásito», permitía añadir características raciales y biológicas a la legislación. La adopción de terminología racial biologicista retrataba a la criminalidad juvenil como parasitaria y fundaba de tal suerte la necesidad de sentencias más duras. El propio Freisler justificaría esas medidas afirmando que en «tiempos de guerra, el quiebre de la lealtad y la infamia no pueden encontrar lenidad alguna y deben encontrarse con todo el peso de la ley»[101].

Juntamente con la legislación, Freisler se interesó también por la judicatura, la administración de justicia y las diferentes sentencias que aquella producía, y como no podía ser menos, dedicó varios artículos a esos tópicos, teñidos desde ya de su impronta nacionalsocialista.

---

97 Freisler, R., «Die rassebiologische Aufgabe bei der Neugestaltung des Jugendstrafrechts» [«La tarea racial biológica involucrada en la reforma del Derecho Penal Juvenil»], *Monatsschriftfür Kriminalbiologie undStra-frechtsreform,* Berlin, 1939, p. 209.

98 Cfr. Geerling, Wayne, *Protecting the National Community from Juvenile Delinquency: Nazification of Juvenile Criminal law in the Third Reich,* Melbourne, Melbourne University, 2001.

99 Ibidem.

100 Había nacido el 8 de enero de 1925 en Hamburgo y falleció en Berlín el 27 de octubre de 1942 en la prisión de Plötzensee. A los 17 años, fue el sentenciado a muerte más joven por el Tribunal Popular del Tercer Reich.

101 Geerling, W., *Protecting the National..., op. cit.*

En 1935, sostuvo en un artículo que «la administración de justicia alemana puede estar orgullosa de ser el primer ámbito soberano del Tercer Reich que ha aplicado, en la política de personal, el principio de la unidad del movimiento, el pueblo y el Estado en todo el Reich y para todos los grupos de funcionarios sin excepción»[102].

Sostener esto significaba, por un lado, que Freisler negaba la independencia de la justicia, ya que el nacionalsocialismo alcanzaba su legitimación en su única fuente que era el pueblo y, por el otro, quedaba afirmado que la tarea de la justicia era una tarea de sometimiento absoluto a las exigencias del sistema nazi.

Por lo tanto, desde 1933 en adelante, en el propio seno de la justicia, se fue desarrollando un proceso que poco a poco logró transformar una justicia independiente en otra subordinada a los dictados autoritarios nacionalsocialistas y, en ese sentido, la máxima de Freisler que podríamos enunciar como *la dureza contra el enemigo del pueblo es protección para el pueblo* fue paulatinamente abandonando el mero campo discursivo y convirtiéndose en una de las prácticas más caras, no solo al Tribunal Popular, sino también a todos los tribunales especiales del Reich.[103]

El sistema penal y la administración de justicia nazi. Breve referencia histórica[104]

La legislación penal, tanto del imperio de los Hohenzollern[105] como de la República de Weimar, resultó codificada en el Código Penal de 1871 y el Código Procesal Penal de 1877

102 Freisler, R., «La unidad del partido y el Estado en la política de personal de la Justicia», en Buchheit, G., *Richter..., op. cit.*, p. 75. Ampliando las ideas centrales empleadas en este artículo, puede leerse otro en el que Freisler se explaya aún más. Ese artículo lo tituló «Richter, Recht und Gesetz» y fue publicado en *Deutsche Justiz,* 1934, p. 134 y ss.

103 Ese proceso mostraba una total sintonía con el pensamiento de Freisler quien se había mantenido inmutable a lo largo de los años. En este sentido, quizás sea bueno recordar que, aunque estas prácticas se visibilizarían en forma patente a partir de 1942, lo cierto es que desde el plano del discurso textual Freisler en 1935 ya había dicho que: «De hecho, es posible que en las letras, palabras y frases de la legislación que no se han modificado, una sentencia basada en la objetividad de una época neutral pueda ser distinta de la que dicta un juez ejerciendo su libertad en el espíritu del nacionalsocialismo. La cuestión de la actitud que, en su labor profesional, un juez adopta ante el Derecho y la ley tampoco puede tratarse únicamente basándose en el mismo punto de vista desde el que el soldado al que se le encomienda una tarea procede a cumplir su deber: respecto de la voluntad del Führer como algo natural, orgullo por ver que han confiado en él... y la sensación de no poder sino estar a la altura de todas las circunstancias respetando el mandato socialista» (cfr. Ortner, H., *El verdugo..., op. cit.*, pp. 96-97).

104 Resulta ilustrativo al respecto el estudio realizado por Frederick Hoefer, «The Nazi Penal System-I», publicado en el *Journal of Criminal Law and Criminology,* volume 35, Issue 6, article 3, 1945.

105 La Casa dinástica de los Hohenzollern fue una familia de gobernantes alemanes que tuvo su origen en una familia de condes de Suabia, en el siglo XI o XII de nuestra era.

El Código Penal de 1871 fue esencialmente un producto de la jurisprudencia penal de la escuela clásica. Sus definiciones legales, distinciones y otras cuestiones técnicas, se pueden remontar al Código Penal de Napoleón de 1810. Sin embargo, la filosofía de la «disuasión» y los castigos más crueles del Código francés habían sido eliminados por la jurisprudencia humanitaria del siglo XIX. En función de estas características, los juristas clásicos habían sustituido aquellos castigos por una variedad más indulgente de «retribución». Las sanciones fueron mayormente de prisión simple (§ 16, de 1 día a 5 años), prisión con trabajos forzados (§§ 14-15; de 15 años a de por vida) y las multas que iban de tres RM hasta 10.000 RM (§ 27 y ss.). Respecto de la pena de muerte, solo se la aplicaba para los casos de homicidio y se ejecutaba por aplicación de la decapitación (§ 14).

Para la protección de los inocentes, el § 2 estableció el principio de legalidad al sentar la doctrina del *nulla poena sine lege* y la prohibición retroactiva del castigo. Esto se repitió en el artículo 116 de la Constitución de Weimar.

Entre los derechos fundamentales de los ciudadanos reconocidos por la Constitución de Weimar, los siguientes fueron particularmente importantes para la administración de la justicia penal y se complementaron con el decreto reglamentario correspondiente: la igualdad de todos los ciudadanos ante la ley (art. 109); la libertad ante el arresto ilegal (art. 114) y los registros e incautaciones ilegales (art. 115); el secreto inviolable de todas las comunicaciones por correo, telégrafo o teléfono (art. 117); la libertad de expresión y la libertad de prensa (art. 118); la libertad de reunión (art. 123); y la libertad de organizar clubes y asociaciones (art. 124).

La República de Weimar hizo un gran progreso respecto de sus antecesores en lo que a los lineamientos del tratamiento penitenciario individualizado se refiere. De esta forma, tanto en la ley del bienestar juvenil de 1922 como en las leyes que regulaban el Tribunal de Menores y las Reglas Penitenciarias Federales, ambas de 1923, se hizo particular hincapié en la búsqueda de la rehabilitación en lugar de la aplicación de simples medidas punitivas.

Sin embargo, la legislación penal del gobierno de Hitler habría de cambiar las cosas a partir de 1933 y la misma puede resumirse en los siguientes aspectos: abolición de todas las garantías constitucionales para la libertad de los ciudadanos inocentes; legislación a través de decretos gubernamentales; creación de nuevos delitos, hasta ese entonces desconocidos, con el fin de promover la persecución política, racial y religiosa; aumento de las penas más graves, como es el caso del uso de la pena de muerte; creación de nuevos castigos; existencia de un marcado dualismo de la pena legal y extralegal.

Veamos pues con más detalle esto que acabamos de mencionar:

I. *Abolición de todas las garantías constitucionales para la libertad de los ciudadanos inocentes*

El 28 de febrero de 1933, en los primeros días del gobierno del terror, unos decretos presidenciales abolieron los derechos civiles más importantes de la Constitución, a saber: la libertad ante un arresto ilegal o ante una búsqueda y captura ilegales; inviolabilidad del correo, telégrafo y teléfono; la libertad de expresión; la libertad de prensa; la libertad de reunión; la libertad de organización y la inviolabilidad de la propiedad privada.

Aparentemente, estos derechos civiles fueron suspendidos temporalmente como medida de emergencia, pero nunca fueron restablecidos.

La prohibición constitucional del castigo ilegal fue violada por las leyes *ex post facto* y finalmente abolida por un decreto del 28 de junio de 1935. Este decreto reconoció la posibilidad de aplicar un castigo *ex post Jacto* como un principio general del Código Penal. Asimismo, se abolió la doctrina del *nulla poena sine lege* y se permitió el castigo de los actos que ofendían el «sano sentimiento del pueblo», aun cuando ninguna ley existente fuera violada.

II. Se legisla a través de decretos gubernamentales

Como es sabido, en un Estado totalitario no se tolera un poder legislativo y un poder judicial independientes tal como se los entiende en un gobierno constitucional, pues la ley no emana ya de la legislatura, sino directamente del poder ejecutivo. Esto fue lo que sucedió en el estado nacionalsocialista, ya que en primer lugar se legisló a través de decretos de emergencia fundados en el artículo 48 de la Constitución, pero pronto se encontró un instituto más apropiado cual fue la delegación de todo el poder legislativo en el gabinete, hasta llegar al extremo de concederle incluso las facultades del constituyente. Un buen ejemplo de cómo operaba esta integración del poder gubernamental fue la famosa purga de sangre del 30 de junio de 1934[106]. Habiendo asesinado a más de mil opositores políticos en pocos días, Hitler declaró haber actuado como el «señor supremo de la ley»[107], y un decreto[108] suscripto por Hitler, Frick y Gürtner declaró que todas las medidas del gobierno tomadas en ese asunto eran legales.

III. Creación de nuevos delitos con el fin de promover la persecución política, racial y religiosa

El derecho penal sustantivo resultó, de tal forma, alterado por un número importante de decretos por los que se terminó amenazando, con los castigos más severos, a las minorías políticas, raciales y religiosas. Son así ejemplo de esto:

a) La ley contra la traición, codificada por un decreto del 24 de abril de 1934, que sustituyó los §§ 80 a 93 del viejo Código Penal alemán. Por esta ley, casi todas las actividades de los grupos opositores fueron castigadas con la pena de muerte, pena esta que se incorporaba como única pena en algunos

[106] Ver al respecto *supra* nota 78.

[107] «In dieser Stunde war ich verantwortlich für das Schicksal der Deutschen Nation und damit des Deutschen Volkes Oberster Gerichtsherr». De esta forma se dirigió Hitler al Reichstag el 13 de julio de 1934, cit. en *Deutsche Allgemeine Zeitung*, 15/07/1934.

[108] Decreto del 3 de julio de 1934, Reichgesetzblatt I (en adelante RGBI), p. 529.

casos, o como pena alternativa al encarcelamiento y trabajos forzados de por vida o de no más de 15 años, en otros. Ese tipo de penalidades se aplicaban a los siguientes delitos: preparación de la traición (§ 83 a partir de la modificación), tal como el desempeño de cualquier trabajo con organizaciones políticas que no fueran nacionalsocialistas (trabajo subterráneo); establecimiento o continuación de tales organizaciones; actos de sabotaje; emisión de programas de radio con contenido contrario al nacionalsocialismo; impresión, circulación o contrabando hacia Alemania de literatura prohibida; revelación de los *secretos de estado* (§§ 88-89) y las tentativas de descubrir aquellos secretos (§ 90).

La falsificación de documentos de estado (§ 90 A) era castigada con prisión y trabajo forzado. Esa normativa tenía por finalidad que el gobierno pudiera prever la publicación de una denegatoria de lo ocurrido para el caso de que algún documento genuino resultara contrabandeado fuera de Alemania.

Bajo esta ley, «la preparación para la alta traición» se fundó en casos en los cuales el acusado había recibido, de algún tercero, panfletos contrarios al nacionalsocialismo y se hubiese rehusado a entregarlos a la policía; como en el supuesto en que el acusado tuviese una discusión con alguien que era opositor al nacionalsocialismo sin hacer una denuncia inmediata a la Gestapo.[109]

b) El hecho de que todas las críticas públicas o privadas dirigidas al gobierno fuesen prohibidas y castigadas con prisión de hasta cinco años por los decretos del 21 de marzo de 1933 y del 20 de diciembre de 1934, siendo este último más conocido como la *Heimtückegesetz* o ley de traición por criticar al gobierno. En la terminología oficial de esa ley, tal como fue publicada en el RGB1, solo se hablaba de afirmaciones falsas, pero la auténtica interpretación brindada por el gobierno impedía que el acusado pudiera aportar prueba alguna respecto de la veracidad de la afirmación.

Se estima que cerca del 80% de todos los juicios políticos celebrados entre 1934 y 1938 se basaron en esa ley. Se aplicó especialmente contra los ministros evangelistas, quienes habían hablado contra las interferencias del gobierno en los problemas de la iglesia. Así, podemos mencionar al famoso pastor Martin Niemöller quien fue enjuiciado en 1938 bajo esta ley. Sin embargo, también esa misma ley se aplicó a otras víctimas no tan prominentes, como las mujeres ancianas y otros que fueron hallados culpables por el solo hecho de plantear sus quejas contra el gobierno.

c) La llamada *ley para la protección de la sangre y el honor alemanes* del 15 de septiembre de 1935 de la que ya hemos hecho referencia *supra*. Esa ley fue la que creó el nuevo delito de deshonra de la sangre (Rassenschande) y así fue como se

---

[109] Ver al respecto el texto de Roper y Leiser, *Skeleton of Justice*, New York, E. P. Dutton & Co., 1941, p. 45. Vale recordar que Edith Roper fue una corresponsal oficial de un diario autorizado por el gobierno nacionalsocialista en las Cortes Penales de Berlín entre 1934 y 1938. Ella logró tener acceso a la mayor cantidad de juicios políticos y archivos secretos del Ministerio de Justicia de su época.

encargó de prohibir con pena de prisión y trabajos forzados hasta quince años a todos los matrimonios entre judíos y arios. La misma sanción se preveía para los casos en que miembros de ambos grupos raciales mantuvieran relaciones sexuales extramatrimoniales. A su vez, como consecuencia de esa ley, no se permitía a los judíos emplear a mujeres arias menores de cuarenta y cinco años para que realizaran tareas domésticas, dado que ese delito era castigado con prisión de hasta un año, además de las correspondientes multas. Asimismo, castigaba a los judíos alemanes por mostrar la bandera esvástica, lo que constituía una infracción poco frecuente. Por su parte, otro decreto privó a todos los judíos alemanes de la ciudadanía alemana.[110] La conexión entre ambos decretos resulta obvia: ambos eran manifestaciones de la persecución racial en el campo del derecho.

IV. *Aumento de las penas más graves: la pena de muerte*

El uso legislativo de la pena de muerte aumentó considerablemente estando el nacionalsocialismo en el poder. A esta pena, que era impuesta para numerosas categorías nuevas de traición, ya nos hemos referido *supra* en el acápite III a). Pero además de la reforma realizada al código penal, la pena de muerte era impuesta por otras leyes con carácter de obligatoria. Así se la preveía para los supuestos de secuestro, violación de las regulaciones económicas, robo en carreteras a través de trampas para automóviles, espionaje en tiempos de paz, hurto y robo en áreas sometidas a la jurisdicción militar, hurto de piezas de metal de las colecciones de chatarra, actos de violencia llevados a cabo con un arma, etc. También la pena de muerte se encontraba conminada en los supuestos de escuchas de emisiones radiales extranjeras, operaciones en el mercado negro y en todo aquello que importara socavar la fuerza militar de la nación.

Las leyes vinculadas con el encarcelamiento, a su vez, se endurecieron más. Esto se logró de tres formas diferentes: las leyes penales proporcionaban términos -de encarcelamiento- más extensos, a menudo, vitalicios; el régimen carcelario se tornó más severo; y finalmente, se persiguió el encierro carcelario a través de las prisiones preventivas por tiempo indefinido.

V. *Creación de nuevos castigos*

El gobierno nacionalsocialista introdujo algunos castigos nuevos. Los más importantes entre estos fueron la detención preventiva *(Sicherungsverwabrung)* y la prisión preventiva *(Schutzhafi)*. Se trató de dos dispositivos legales que le permitieron encarcelar individuos por períodos de tiempo indefinidos. Sin embargo, ambos institutos cumplieron propósitos bien diferentes y no debieran confundirse el uno con el otro.

a) La *Sicherungsverwabrung* fue introducida el 24 de noviembre de 1933[111] por la *Ley contra los criminales peligrosos habituales*. Para la época, esta ley po-

---

110 RGB1 1935,1, 1146.
111 RGB1 1933,1, 995.

dría haber sido comparada con la *Baumes Law (Ley Baumes) de Nueva York* o ley contra los reincidentes, pero resultó, por lejos, mucho más severa que esta última, ya que le otorgaba un mayor poder de discrecionalidad a los tribunales y a otras autoridades del gobierno nacionalsocialista. Durante la vigencia de esta legislación cualquier persona que fuera condenada por tercera vez por un delito penal no solo sería encarcelada por muchos años, sino que luego de que expirara su condena, permanecería en prisión preventiva por tiempo indefinido. Y aunque la ley no denominaba a esto un castigo, en los hechos funcionaba como uno de los más severos. Los autores alemanes que se han dedicado al tema señalan que la aplicación de esta medida se llevaba a cabo casi de la misma manera que la pena de prisión, con la imposición de trabajos forzados. Y siempre lo era por un tiempo indefinido. Liberarse de esa detención era siempre algo condicional; podía ser revocada en cualquier momento sin juicio o cualquier otra garantía legal.

Entre otras «medidas preventivas» la misma ley introdujo la castración de autores de delitos sexuales. En línea con esto, debería recordarse que para esa época, en Alemania, la contaminación de la raza, tal como fue descripta *supra*, era considerada un delito sexual. Además, las persecuciones religiosas contra los sacerdotes católicos, monjes y monjas a menudo se revestían de la forma de juicios por ofensas sexuales. En consecuencia, resultaba evidente que tanto los inocentes como los culpables vivían con el temor a esa medida preventiva.

b) La *Schutzhaft* no era en absoluto una institución legal, sino, más bien, el nombre que recibía el encarcelamiento de opositores o potenciales opositores al régimen nazi por parte de la Gestapo. Virtualmente no había leyes que gobernaran esa temática, como tampoco existía tribunal de justicia que tuviera injerencia en aquélla. Por lo demás, las actividades que desempeñaba la Gestapo no son motivo de desarrollo en el presente trabajo. Simplemente diremos que la Gestapo poseía el poder para arrestar, encarcelar o ejecutar a cualquier individuo, sin tener que dar explicaciones a nadie. Sus acciones estaban expresamente exceptuadas de la revisión judicial[112]. También se encontraba autorizada a encarcelar a aquellos acusados que habían sido absueltos por tribunales penales o que hubieran cumplido su sentencia. Las palabras «prisión preventiva» se basaban en la teoría de que su víctima, es decir su destinatario, era un delincuente atroz que necesitaba ser protegido de la ira de la gente, siendo totalmente irrelevante si dicha ira existía o no. En otras palabras: el fundamento para el encarcelamiento no era un fundamento válido; era totalmente ficticio. En los hechos, la víctima de la prisión preventiva era o bien un sospechoso político o bien un posible testigo a quien la policía secreta trataría de extraer cierta información.

VI. Existencia de un marcado dualismo de la pena legal y extralegal

De esta forma el gobierno nacionalsocialista había creado una peculiar duplicidad del castigo entre aquel que era legal y otro que era extralegal. Así

[112] Decreto del 10 de febrero de 1936.

bajo las leyes existentes, los diferentes tribunales ordinarios y especiales podían enjuiciar y sentenciar al inocente de la misma forma que al culpable, y ello bajo determinadas acusaciones de índole legal. Sin embargo, esto resultaba insuficiente para un verdadero *régimen del terror*. Por lo tanto, existía otro sistema de castigos, independiente, que era impuesto solamente por la Gestapo y que estaba totalmente al margen de la ley, por cuanto su actuación respondía solo a la conveniencia política.

Esta duplicidad de acciones legales e ilegales no era algo novedoso para la época, dado que enraizaba profundamente en la historia del nacionalsocialismo. Así, mucho antes de que Hitler llegara al poder, su partido ya contaba con una doble política con ese sesgo. *Legalmente,* había ocupado su lugar como un partido político organizado bajo la República de Weimar, con representación en el parlamento y publicaciones en diferentes periódicos y propaganda política, etc. Pero en la misma medida, *ilegalmente,* se trató de una fuerza política que usó tropas de asalto y ejércitos de guardias especiales con la finalidad de aterrorizar al pueblo con hechos tales como provocar el derrocamiento del gobierno por la fuerza, ocasionar peleas callejeras y asesinar a todos aquellos que fueran considerados traidores o meramente disidentes.

Ya en el poder, esa vieja dualidad fue constitutiva de un doble sistema -*legal e ilegal*- de administración, circunstancia que una vez más demostraba y corroboraba cómo la ley para los tiranos resulta en sí misma irrelevante, dado que es utilizada por ellos simplemente como una de las varias herramientas de poder con las que cuentan.

En lo que hace a la administración de justicia, cabe recordar que antes de 1933 esta se encontraba regulada por las leyes federales de 1877 y 1924.[113] Así, la jurisdicción en las demandas civiles y penales pertenecía en su mayoría a las distintas provincias, pero la ley federal prescribía principios generales para la independencia judicial, para la organización y jerarquía de los tribunales estaduales y para la distribución de los vínculos comerciales entre las cámaras y los tribunales de grado. El gobierno federal (Reich) contaba solamente con unos pocos tribunales, siendo el más importante de ellos la Corte Suprema del Reich asentada en Leipzig. Este tribunal fue el más alto de Alemania. Se encargaba de resolver todas las cuestiones de índole federal como tribunal de revisión, es decir que su competencia emanaba, básicamente, de aquellos errores en la interpretación del derecho, en principio, cometidos por los tribunales estaduales. El máximo tribunal del Reich tenía también competencia originaria, en todos los casos de traición fundados en alguna acusación dirigida hacia los miembros del gobierno federal y en cuestiones vinculadas con litigios entre los gobiernos provinciales entre sí o entre un gobierno provincial y el gobierno federal.

---

113 Ley de la administración de justicia o Ley de la judicatura del 27 de enero de 1877, RGB1, 1877, 41. Texto revisado RGB1 1924 I, 299. Esta ley es citada como «GVG» (Gerichtsverfassungsgesetz).

La jerarquía judicial en cada estado provincial, así como en el *Reich,* era centralizada por un Ministerio de Justicia estadual o federal. Cada Ministerio de Justicia estaba encabezado por un ministro de gabinete y todos sus dependientes eran civiles. En cada estado provincial, el Ministerio de Justicia era la más alta autoridad en lo relativo a la organización y administración de los tribunales. Controlaba la puesta en funciones y el retiro de los jueces, sujetos a la ley federal y estadual.[114] Sin embargo, no tenía ningún derecho para interferir con las decisiones judiciales y ello en razón de quedar dentro de la esfera de la independencia judicial todas aquellas decisiones.

El Ministerio de Justicia también designaba y controlaba a todos los fiscales, con lo cual su actividad de control, respecto de las más variadas temáticas, quedaba sujeta a la totalidad de las disposiciones emanadas de aquéllos. Algo similar ocurrió con el sistema carcelario, dado que la mayoría de las cárceles de Alemania quedaron bajo el control de los Ministerios de Justicia estaduales, especialmente con posterioridad a 1918.

El personal judicial se encontraba representado en todos los estados por una vieja burocracia, famosa por su eficiencia y su «integridad moral». La totalidad de los jueces y fiscales recibía sus propuestas a los cargos respectivos a través de un sistema de servicio civil, que para la fecha llevaba más de un siglo en vigencia. Cada oficial de justicia era un graduado universitario, entrenado en el derecho, que había pasado varios años como aprendiz en el servicio civil. Antes de recibir una postulación para desempeñarse en la judicatura, debía pasar por varios exámenes muy rigurosos, usualmente seguidos de varios años más sirviendo como juez temporario o lo que se conocía como *asesor.*

Luego de recibir una postulación permanente para el cargo, el individuo elegido como juez era teóricamente independiente para tratar todos los temas legales.[115] Se encontraba más o menos obligado a seguir los principios y estándares sentados por la Corte Suprema en lo relativo a la interpretación de la ley, pero lo que de seguro no toleraría sería ningún tipo de interferencia por parte del poder ejecutivo en cualquier caso en que se entablara una demanda judicial. Su cargo era vitalicio y se encontraba sujeto a retiro a una determinada edad. Solo podía ser removido de sus funciones si un tribunal independiente y especial promovía la acción en ese sentido, fundada en la comisión de faltas muy graves relacionadas con el cargo (párr. 68 GVG, Constitución de Weimar, art. 104).

No obstante lo dicho, la independencia judicial resultó limitada en algunos aspectos. Si un juez pertenecía a un partido político opositor, o de alguna manera resultaba refractario al régimen, el Ministerio de Justicia podía, o bien rechazar su promoción a un cargo más alto en la estructura judicial, o bien concederle su solicitud de transferencia a una ciudad dife-

---

[114] GVG, párrs. 2-11.

[115] GVG, párr. I, Constitución de Weimar, art. 102.

rente, con lo que terminaba «congelado» en una posición insignificante o en una localidad indeseable.

Cuando Hitler accedió al poder en 1933, uno de sus primeros objetivos fue destruir la independencia de la judicatura. Para lograr ello, removió a los jueces que estaban en franca oposición al régimen nacionalsocialista, abolió todo tipo de garantía respecto de la permanencia vitalicia en el cargo y cambió, gradualmente, el sistema del servicio civil por un sistema de nombramientos políticos.

El primer paso en esa dirección fue el famoso decreto del 7 de abril de 1933, irónicamente denominado «ley para la restauración del servicio civil»[116]. Por medio de este decreto se removió de sus puestos a todos los oficiales de justicia judíos o de extracción *no aria,* a todos los oficiales de justicia que habían sido miembros de partidos liberales o socialistas u otras organizaciones democráticas y a todos aquellos que, de igual manera, no eran «políticamente confiables». Ellos fueron reemplazados por nacionalsocialistas leales y, de ahí en más, todos los nombramientos judiciales requirieron la pertenencia al partido nacionalsocialista o la afiliación a sus organizaciones. La ley del Servicio Civil de 1937[117] demandaba un juramento personal de lealtad a Hitler y tornaba en removibles por causas políticas a todos los oficiales de justicia.

El control político sobre la judicatura se fue fortaleciendo a través de la federalización de todos los gobiernos estaduales, hecho que ocurrió en 1934. De esta forma, todos los tribunales se transformaron en tribunales federales y quedaron supeditados al control desde Berlín.[118]

En los primeros días del gobierno nacionalsocialista, los tribunales superiores seguían mostrando algún grado de independencia; esto resultó particularmente cierto en el famoso juicio por el incendio del *Reichstag* en 1933[119] cuando la Corte Suprema, radicada en la ciudad de Leipzig, rehusó condenar a ciertos líderes comunistas por el incendio en cuestión (los acusados eran obviamente inocentes).

Como forma de prevenir semejantes ocurrencias en el futuro, el gobierno quitó todo tipo de faltas políticas de la jurisdicción y competencia del *Reichsgericht* y de los tribunales regulares, y creó tribunales especiales del tipo de Cámaras para los delitos políticos y de traición. Los casos importantes eran llevados ante el tribunal popular *(Volksgerichtshof)*[120], otros ante tribunales especiales *(Sondergerichte)*[121]. Solo los más representativos del movimiento

[116] RGBl 1933 I, 175. Al principio se hizo una excepción para los judíos y oficiales no arios que habían cumplido servicio en misiones de combate durante la Primera Guerra Mundial o que habían estado en el cargo con anterioridad al 1° de agosto de 1914. Esta excepción fue abolida luego en 1937 y los «veteranos» fueron removidos de sus cargos.

[117] Ley del 27 de enero de 1937, RGBl I, 39.

[118] Schuman, Frederick L., *The Nazi Dictatorship,* 2ª ed., New York, 1939, pp. 330-339.

[119] Decretos del 24 de abril y del 12 de junio de 1934, RGBl I, 341, 345, 492, y del 18 de abril de 1936, RGBl I, 369.

[120] Decreto del 21 de marzo de 1933, RGBl I, 136.

[121] Ley del 16 de febrero de 1934, RGBl I, 91.

nacionalsocialista fueron promovidos para ocupar los cargos en esos tribunales cuyas sentencias, bueno es recordarlo, eran inapelables. Roland Freisler fue uno de ellos.

Ni siquiera al Ministerio de Justicia del Reich le fue otorgado el poder completo para poder entender en todas las cuestiones de la judicatura. Esta autoridad central pronto comenzó a recibir órdenes del Ministerio de Propaganda en todos los asuntos relacionados con cuestiones políticas, a lo que se agregó que la Gestapo fue autorizada a interferir en todos esos casos. Podría decirse entonces que, al tiempo que se daba una centralización geográfica, se desarrollaba lo que podría denominarse una descentralización funcional, que fue incrementándose a partir de la creación de tribunales militares[122] y tribunales partidarios[123], a los que se le asignaron una cuota determinada de casos existentes en ese momento. Como resultado de esos desarrollos, la vieja judicatura fue privada de su última pizca de poder independiente, y se transformó en un cuerpo de agentes gubernamentales controlado por las autoridades políticas y dedicado a funcionar como un instrumento del despotismo.

El Tribunal Popular (Volksgerichtshof)

El Tribunal Popular, máxima instancia judicial para delitos de traición durante el nacionalsocialismo, constituyó la clave institucional innovadora de Hitler en el campo de la justicia penal.

La ley contra la traición del 24 de abril de 1934 creó el Tribunal Popular (Volksgerichtshof) y le otorgó jurisdicción para entender en todos los delitos de traición. Al Volksgerichtshof se le dieron tres cámaras, dos de las cuales fueron destinadas para la persecución de los delitos de alta traición (Hochverrat) y la tercera para la persecución de los delitos de traición (Landesverrat). Dos miembros de cada una de las cámaras debían ser juristas profesionales y tres de ellos debían ser «jueces legos», seleccionados de las organizaciones partidarias y militares. Todos los jueces debían ser designados en sus cargos por cinco años. Los abogados defensores debían conseguir permisos especiales para poder actuar ante el tribunal y podían quedar desacreditados como tales aun después del inicio del juicio. La definición legal de traición permanecía inalterable: con alta traición se hacía referencia a los delitos dirigidos contra el «orden interno del estado, la constitución o la integridad territorial del estado», mientras que la simple traición alcanzaba a los delitos contra «la seguridad exterior del estado y su posición de poder respecto de otros estados». Sin embargo, las penas que se previeron fueron, sustancialmente, mucho más severas.

El Tribunal Popular fue creado como consecuencia directa de la insatisfacción que produjo en Hitler el resultado final del juicio por el incendio del

---

122 Decreto del 11 de mayo de 1933, RGBl I, 264.

123 Cfr. Morstein Marx, Fritz, *Government in the Third Reich,* 2ª ed., New York-London, McGraw-Hill Book Company, 1937, p. 81.

Reichstag y ello en razón de que él pretendía que allí se descubriera y probara la existencia de una conspiración comunista, lo que, como hemos visto *supra*, no sucedió.

Aunque en sus orígenes, los nacionalsocialistas intentaron construir al Tribunal Popular como una institución confiable para los juicios que tenían por finalidad la propaganda del régimen, el uso de juristas profesionales en el tribunal indicaba que, o bien eran reacios a violar la tradición de un poder judicial independiente, o simplemente no veían ningún tipo de necesidad de violar esta tradición.

Resulta difícil, sin embargo, suponer algún motivo por el cual los nazis, al crear el Tribunal Popular y otorgarle su jurisdicción en 1934, habrían de esperar serios problemas con la judicatura representada por los profesionales juristas -todos ellos abogados-, pues habían encontrado en ellos aliados muy valiosos dentro del sistema tribunalicio durante la era de Weimar y nada obstaculizaba esas alianzas a la hora de tener que decidir respecto de los nombramientos iniciales para el Tribunal del Pueblo. Basta con recordar, al respecto, que uno de los designados para integrar el Tribunal fue el Dr. Jorns, quien había desempeñado un rol destacado en el juicio por los asesinatos de Rosa Luxemburgo y Karl Liebknecht ya que, como miembro del equipo de los fiscales, había proporcionado ayuda a los acusados en forma subrepticia. Tampoco habría que olvidarse del Dr. Crohne, quien había logrado una reputación por su implacabilidad en el juicio contra el pacifista Ossietzky, celebrado en 1929-[124]

Empero, el grado en que la ley del 24 de abril 1934 se ajustaba a los precedentes permite suponer que los nazis eran reacios a violar los sentimientos de los juristas conservadores. Así, aun cuando fue caracterizado como una «corte especial», el Tribunal Popular resultó ser una creación totalmente constitucional ya que el artículo 105 de la Constitución de Weimar, si bien prohibía la creación de tribunales para el enjuiciamiento de casos determinados de forma individual, no hacía lo mismo con los tribunales especiales encargados de juzgar casos categorizados como generales.[125] El Reichstag ya había establecido un tribunal de este tipo en 1922, cuando -en respuesta al asesinato de Walther Rathenau- estableció el *Staatsgerichtshof* (Corte Suprema del Estado) con jurisdicción sobre los asesinatos políticos. Ese tribunal se integró con seis jueces legos de un total de nueve.

En cuanto al derecho que tenía el Tribunal Popular de descalificar a los defensores, cabe recordar que esto no era una práctica desconocida ya que, por ejemplo, los abogados que representaban a los miembros del partido comunista habían tenido que solicitar una especial aprobación para poder liti-

---

[124] Kirchheimer, Otto, *Political Justice*, Princeton, Princeton University Press, 1961, p. 214; Hannover, H. y Hannover-Drück, E., *Politische Justiz...*, *op. cit.*, pp. 170-171.

[125] Tal como lo demostró en forma convincente en Núremberg la defensa de Lautz (International Military Tribunal, case III, Lautz, docs. 284, 285, 40, 276 y 29).

gar ante el *Reichsgericht* durante la época de Weimar, práctica que continuaría en la República Federal.[126]

Únicamente la práctica de seleccionar jueces legos provenientes de organizaciones políticas específicas fue innovadora, ya que no tenía precedentes. Sin embargo, incluso en este caso, los nazis tomaron todos los recaudos para evitar las críticas adversas, fomentando la creencia de que el Tribunal Popular era solo un «recurso temporal».[127] Señalaron que el Tribunal Popular había tomado prestado el personal de la fiscalía del *Reichsgericht* y que sus jueces conservaban sus cargos en otros tribunales. Además, dado que para esa época se encontraba bajo discusión una reforma general del sistema legal, se había anticipado ampliamente el hecho de que semejante reforma reemplazaría al Tribunal Popular con algo más permanente o, por lo menos, se lo transformaría en otra clase de institución.

El joven y ambicioso Roland Freisler, por cierto, no tardó en dar a conocer sus planes para el Tribunal y fue así como, desempeñando la función de secretario de estado del Ministerio de Justicia, especializado en derecho penal, propuso transformar al Tribunal Popular en una corte suprema dedicada a todos los temas vinculados con el derecho penal, para lo cual sugirió reducir la jurisdicción y competencia del *Reichsgericht* a la de una corte suprema en materia civil. A su vez, sugirió que cada delito penal debía ser considerado una especie gradual de «Volksverrat» (traición contra el Pueblo), y argumentaba, en línea con la teoría del para entonces novedoso «derecho penal de voluntad», que la traición contra el pueblo requería la persecución de la «voluntad» criminal antes que la realización del hecho específico[128], con lo que se caía en un derecho penal de voluntad, derivado de un clásico derecho penal de autor en lugar de un derecho penal de acto.

Sin perjuicio de lo dicho, el Ministerio de Justicia, en 1934, no se encontraba controlado por personajes como Freisler, sino por juristas más viejos y conservadores y esta fue la razón por la que el comentario oficial de la ley del 24 de abril de 1934 tuvo una mirada bastante restrictiva con respecto al Tribunal Popular, y ello como un medio de hacer más eficiente la aplicación de la ley.[129] Los comentarios a menudo tendieron a comparar al tribunal con el ejército -la institución predilecta de los conservadores- antes que ligarlo con el movimiento Nazi: el tribunal lucharía contra enemigos internos con criterio similar al empleado por el ejército para los enemigos externos, es decir, sería implacable. Y de esta forma hasta se llegó, en alguna oportunidad, a sugerir que el superior tribunal militar podría, eventualmente, asumir la jurisdicción respecto de la ley de traición.[130]

---

[126] Kramer, Gerhard, «The influence of National Socialism on the Courts of Justice and the Police», in Beaumont, M., Fried, J. y Vermeil, E. (eds.), *The Third Reich*, New York, Praeger, 1959, p. 607; Kirchheimer, O., *Political Justice...*, *op. cit.*, p. 255.

[127] Richter, Hans, «Das Gesetz zur Anderung von Vorschriften des Strafrechts und des Strafverfahrens vom 24. April 1934», *Deutsche Justiz*, 96 (1934), p. 604.

[128] Freisler, R., *Der Volksverrat*, en *Deutschen Juristen Zeitung*, 40 (1935), pp. 905-913.

[129] Comentario de la ley del 24 de abril de 1934, *Deutschen Justiz*, 96 (1934), pp. 597-598.

[130] Buchheit, G., *Richter...*, *op. cit.*, p. 30.

Franz Gürtner, el entonces ministro de justicia, sostenía que la misión básica del Tribunal Popular era restablecer el respeto irrestricto a la ley, al que consideraba muerto con la revolucionaria «gran traición a la patria»[131] de 1918. Y aunque Gürtner había desempeñado un rol clave como Ministro de Justicia bávaro al proteger a Hitler después del *Putsch de Múnich*, consideraba al nazismo como un medio de restauración legal y no como una revolución.

Evidentemente sus puntos de vista fueron compartidos por algunos de los miembros del *Volksgericht*, ya que las primeras decisiones del Tribunal resultaron tan cautelosas que fueron criticadas desde los cuarteles oficiales.[132]

Sin embargo, a pesar de lo dicho, no existe evidencia alguna suficiente que permita colegir cómo, si el Tribunal Popular tenía que expedirse con ese tipo de resoluciones, se llegó al extremo de la ley del 18 de abril de 1936, que transformaba al Tribunal Popular en un «tribunal ordinario permanente».

Si tomamos las propias palabras de Freisler, la mencionada ley se orientaba a hacer que los principios del Tribunal Popular fueran la «posesión permanente del Derecho Penal alemán» y ello aun cuando no especificara qué principios tenía en mente al formular esa afirmación.[133]

Se podría conjeturar, y en base a ello sostener, que quizás la decisión de otorgar a los jueces del tribunal designaciones vitalicias era una concesión al procedimiento tradicional o, por otra parte, se podría pensar que los nazis consideraban que el tribunal se había hecho acreedor de una imagen respetable que, de allí en más, podría servir para usos más radicales. Pero lo cierto fue que, en base a la mencionada ley, los registros oficiales de todos los delitos penales fueron transferidos al Tribunal Popular; se le asignó un cuerpo de fiscales y una agencia de prensa independientes y finalmente se designó como presidente de aquél a un hombre ambicioso de poder como lo fue Georg Thierack.

Esas medidas podrían ser vistas como la implementación de algo similar al plan que Freisler tenía para el tribunal, como se lo mencionara *supra*, y las decisiones de finales de 1936 así habrían de demostrarlo, en la medida en que ponían el énfasis en la *voluntad criminal*[134] o, dicho en similares términos, en *un derecho penal de voluntad*.

---

131 Gürtner, Franz, «Einfürung der Mitglieder des Volksgerichtshofes», *Deutsche Justiz*, 98 (1936), p. 907.

132 Así, cabe recordar cómo, en una oportunidad, el Tribunal fue cuestionado por permitir a los defensores conservar sus «honorables derechos civiles», una práctica que había sido usada tradicionalmente para distinguir a los defensores de quienes habían sido acusados por cuestiones políticas de aquellos otros que defendían delincuentes comunes. Los comentaristas se opusieron a la idea de que un traidor podría tener motivos honorables para su conducta (Resoluciones del 8, 15 y 16 de noviembre de 1934: *Deutsche Justiz*, 97 (1935), p. 909). Otro caso se dio cuando el Tribunal subsumió estrictamente un supuesto en una norma del código penal pues los comentarios de tal decisión la desaprobaron fundados en que lo hecho por el Tribunal se había sustentado solamente en «los principios formales de la interpretación» (Resolución del 7 de diciembre de 1935: *Deutsche Justiz*, 98 (1936), pp. 1438-1439).

133 Freisler, R., «Gesetz über den Volksgerichthof», *Deutsche Justiz*, 98 (1936), p. 656.

134 Decisiones del 19 y 27 de noviembre de 1936 y del 27 de octubre de 1939, registradas *en Deutsche Justiz*, 99 (1937), p. 114; 100 (1938), p. 114; y 99 (1937), p. 198, respectivamente.

El Tribunal Popular y la doctrina del *Willensstrafrecht* o derecho penal de voluntad

De esas decisiones del tribunal tomadas en octubre de aquel año (1936) una de ellas resultó ser bastante particular. En efecto, en un caso en el que un hombre había efectuado algunas afirmaciones bajo la influencia del alcohol, se lo condenó penalmente como responsable de sus dichos fundado en que acababa de ser liberado de la cárcel por afirmaciones similares, hecho que fue utilizado por el Tribunal como prueba de su «perseverante sentimiento contrario a derecho».

William Sweet, al comentar este caso en su trabajo sobre el Tribunal Popular[135], entiende que podrían sugerirse dos tipos de análisis respecto de esa decisión. Así, según este autor, en un primer análisis cabría considerar que esa decisión de octubre de 1936 fue un paso en la dirección del «Willensstrafrecht» o *derecho penal de voluntad* que el propio Freisler propugnaba, pues, en primer lugar, el acusado no había cometido un delito con plena capacidad psíquica y resultó condenado penalmente por tener la intención de una cierta disposición, antes que por haber elegido deliberadamente cometer un delito determinado; y en segundo lugar, por cuanto la decisión tomada en esos términos y con esos fundamentos violaría la prohibición de doble juzgamiento en la medida en que castigaba a un hombre, en estado de ebriedad, por segunda vez en función de un delito anterior por el que ya había cumplido su condena.

Más allá de que la segunda observación de Sweet hoy por hoy estaría más ligada a la naturaleza inconstitucional que podría predicarse del instituto de la reincidencia, lo cierto es que desde esa perspectiva la decisión adoptada por el Tribunal Popular, siguiendo la primera línea de análisis, estaría anticipando y sentando -ya desde esa época- un precedente para los tiempos que habrían de venir, en los que la noción tradicional de responsabilidad penal sería abolida y ello ocurriría cuando se considerara a los judíos culpables por el solo hecho de ser judíos y cuando se descartaran por obsoletos los tradicionales procedimientos legales.

Sin embargo, para Sweet, sería posible ensayar también una segunda línea de análisis de ese tipo de resoluciones que el Tribunal Popular comenzaba a producir y desde esta otra perspectiva podría sostenerse que una decisión como la adoptada no sería más que una insignificante ampliación de la definición tradicional de la intencionalidad del autor y, entonces, el delito inicial del acusado podría ser visto como un indicio relevante de su intención en el segundo delito, a lo que argumentalmente se le podría agregar -por esta vía de construcción discursiva hipotética- el hecho de que comúnmente los acusados resultaban ser responsabilizados por hechos cometidos bajo la influencia del alcohol. Más aún, un jurista experimentado de

---

135 Sweet, William, «The Volksgerichtshof: 1934-45», in *The Journal of Modern History*, vol. 46, n° 2 (junio de 1974), pp. 317-318.

aquella época podría justificar este punto de vista, relacionado con la intencionalidad del autor, invocando las «honorables tradiciones intelectuales germanas» de aquella época que, para entonces, siempre habían asignado la responsabilidad penal a los contenidos subjetivos, antes que a los contenidos «accidentalmente» exteriorizados de las conductas (si una persona poseía sentimientos contrarios a derecho, lo que debía hacer era ni más ni menos que cambiar su personalidad).

Si bien con lo expresado en los párrafos precedentes queremos dejar en claro que -a la luz del material bibliográfico con el que se ha contado a la hora de confeccionar el presente trabajo- no se han hallado mayores evidencias que permitan brindar una interpretación definitiva en términos políticos de las decisiones como las del 18 de abril de 1936, lo cierto es que existió una gran variedad de argumentos legales, probablemente fundados en objetivos políticos, muy distintos los unos de los otros (no meramente basados en la aplicación doctrinaria del derecho penal de voluntad nazi) que confluyeron en el último tramo de la década de 1930 para hacer de la *voluntad criminal* el objetivo de la jurisprudencia del Tribunal Popular.

A ello se sumaba la letra del § 83 del código penal vigente en aquella época que regulaba la «preparación para la alta traición», norma esta que condujo de manera impecable a la ampliación de la interpretación de la intencionalidad en virtud de que dicha disposición definía la empresa criminal en forma extremadamente ambigua. Fue así como, gracias a ese déficit en la elaboración normativa, el Tribunal Popular pudo diseñar tres instancias, bien definidas, por las que se decidió extender el alcance de lo prescripto en el § 83. Así, en primer lugar, aplicó el mencionado parágrafo a otros delitos, de manera tal que se los pudiese castigar con la misma pena de muerte que preveía la mencionada norma (y por lo tanto quedaba expedita la vía -para el uso ante el tribunal- de reglas menos rígidas en todo lo concerniente a la cuestión probatoria). En segundo término, el Tribunal Popular sostuvo que cualquiera fuera el delito cometido por un comunista podría quedar sujeto a las previsiones del § 83 y ello a la luz de los objetivos del partido revolucionario. Finalmente, la tercera y más importante de las instancias consistió en extender los alcances de la norma a actos totalmente insignificantes, circunstancia esta que terminaba por habilitar el poder masacrador a casos insospechados.

La importancia que revestía para el Tribunal Popular el hecho de poder ampliar el poder punitivo -diríamos en la actualidad-hasta el punto de dar relevancia penal a lo insignificante, le permitió, a su vez, castigar «incluso los actos preparatorios más remotos» y esta particular circunstancia quedó al desnudo en un conjunto de fallos que establecieron una relación, entre el § 83 y el § 139 del código penal de entonces, digna de mención.

En este sentido resulta oportuno recordar que el mencionado §139 prescribía que «aquel que llegara a tomar conocimiento de alguna intención de cometer alta traición o traición (...) y fracasara en dar parte a las autoridades administrativas o al partido amenazado, sería castigado con pena de prisión. Si el acto no llegara a consumarse no sería necesario administrar el castigo».

Sin embargo, la inclusión del § 83 bajo el acápite «alta traición» parecía indicar que fracasar en la denuncia de un acto preparatorio debía ser castigada también si el acto no se consumaba. Es decir que, si a la letra de la ley se sumaban las tres instancias interpretativas extensivas de punibilidad, diseñadas por el propio Tribunal en forma pretoriana, claramente, de seguirse esa línea de razonamientos, la innecesaridad del castigo postulada por el § 139 quedaba totalmente relativizada a la luz de aquellas instancias interpretativas que ya empezaba el Tribunal Popular a generar, en particular aquella que habilitaba el poder punitivo masacrador para actos que, por definición, eran insignificantes. Repárese, además, en que la diferencia entre la sanción a aplicar entre un supuesto y otro era harto diferente. Así, mientras el § 83 sancionaba con pena de muerte o trabajos forzados, el § 139 solo preveía pena de prisión, con lo que adoptar una u otra tesitura en la interpretación tenía consecuencias en el castigo muy diferentes.

Lo dicho podríamos ejemplificarlo diciendo que si cualquier persona, en esa época, tomaba conocimiento de que otra planeaba distribuir periódicos subversivos, quedaba claro que la primera estaba por mandato penal obligada a denunciar a la segunda y, en ese sentido, la prevención del delito y el *Willensstrafrecht* o derecho penal de voluntad parecían avalar esa interpretación. Sin embargo, aquellos partidarios de una interpretación distinta de la propuesta señalaban que cualquier caso que subsumiera en la letra del § 83, no importando cuan insignificante este fuera, debía ser castigado, dado que descartaban la posibilidad de que existiera un «acto preparatorio descomprometido» y, de tal suerte, tornaban en nula la letra del § 139- Un plan para distribuir periódicos sería en sí mismo un acto preparatorio. Y entonces, aquellos partidarios de aplicar el § 139 en lugar del § 83 daban por hecho que el juez podía aun conservar la opción de no castigar simplemente por considerar ciertas etapas previas a la «preparación» como «intento de preparación».[136]

Este problema fue fuertemente debatido en el sistema tribunalicio (y lo había sido desde 1855), y la cuestión más interesante fue que el Tribunal del Pueblo adoptó lo que inicialmente se podría definir como la posición conservadora, en contra de la aplicación del § 139 en lugar del § 83. Y adoptó esa tesitura fundado en el argumento, aparentemente humanitario, de que el juez debía ser capaz de liberar de toda persecución a los acusados en supuestos de insignificancia.

---

[136] Schmidt-Leichner, «Anzeigepflicht (§ 139) auch bei Vorbereitung zum Hochverrat (§ 83)?», *Deutsche Justiz,* 103 (1941), pp. 866-870; Huppmann, «Zur Strafbarkeit eines hochverräterischen Vorhabens», *Deutsche Justiz,* 104 (1942), p. 178; Dreher, E., «Ist der Empfänger hoch verraterischen Druckschriften nach § 139 zur Ablieferung veräflichtet?», *Juristische Wochenschrift,* 65 (1936), pp. 84-85.

Pero en 1942 se publicaron las decisiones de dos tribunales inferiores que hacían explícita su oposición al punto de vista que hasta ese momento venía sosteniendo el Tribunal Popular[137] y fue recién entonces cuando el Tribunal Popular se expidió afirmando que el punto central de su toma de postura radicaba en que aquellos que estaban -desde lo interpretativo- por la aplicación del §139 antes que la del § 83 habían basado su tesitura en parte de la noción de «tentativa del acto preparatorio» mientras que el Tribunal Popular, sin embargo, había representado en forma constante y pacífica -al punto que ninguna excepción se había hecho al respecto- la postura por la cual todo acto preparatorio, aun el más remoto, o el acto preparatorio de otro acto preparatorio, era considerado punible.

En palabras de Lämmle, comentarista del código de esa época, «si el Tribunal Popular se encuentra nuevamente adoptando una posición en este tema tan controvertido, es particularmente para no dejar intacta la idea de que puedan existir actos preparatorios de alta traición impunes».[138]

Insistir en castigar un acto tan insignificante como un vago plan de entrega de un periódico requeriría, a la larga, una sociedad de informantes y un sistema policial basado en la tortura.[139] Sin embargo, la interpretación que el Tribunal Popular sostuvo del § 83 resultó avalada por tendencias alemanas e internacionales de largo alcance.

Si repasáramos un poco la historia veríamos que, durante el siglo XIX, el liberalismo tendió a abolir de los viejos regímenes la legislación del *estado del ánimo*. Pero a medida que las tensiones internacionales se montaban sobre el siglo XX y el modelo de estado liberal se convertía en un estado amenazado tanto por las izquierdas como por las derechas, el sentimiento que logró expandirse fue aquel de la seguridad interna y externa que, por igual, demandaba la persecución de potenciales subversivos aun antes de que cometieran delitos específicos. Ya en la República de Weimar sus tribunales habían dictaminado, por ejemplo, que las empresas comunistas eran punibles aun cuando no se hubiese establecido un propósito de insurrección y las chances de tener éxito fueran remotas.

De todo lo referido en este punto, se desprende que no existe necesidad para asumir que los miembros del Tribunal Popular fueran nazis radicales con la deliberada intención de socavar el derecho tradicional alemán, por lo menos hasta el estallido de la guerra de 1939, y en ese sentido es posible sostener que la interpretación que el Tribunal Popular hacía del § 83 pudo haber sido aplicada a un número insignificante de casos. Pero cuando la guerra se desató, trajo una variedad de presiones para influir en el Tribunal y la jurisprudencia de los años treinta, lo que se sumó, en gran medida, a la tenta-

137 Strafsenat-Posen, July 10, 1941, *Deutsche Justiz,* 104 (1942), p. 37; Oberlandesgericht-Danzig, September 10, 1941, *Deutsche Justiz,* 104 (1942), p. 1077.

138 10 de febrero de 1942, *Deutsches Recht,* 12 (1942), pp. 722-723.

139 Sweet, W., «The Volksgerichtshof...», *op. cit.,* p. 320.

ción de buscar, casi sin rumbo, nuevos procedimientos legales. Así, si los estados del ánimo iban a constituir el objeto del derecho penal antes que los hechos ilícitos, de ello se seguía que era menester idear nuevos procedimientos para aislar las intenciones antes que los actos. Y desde este punto de vista, cabe concluir que existió una directa conexión entre la interpretación que del § 83 hacía el Tribunal Popular y los procedimientos legales prejudiciales e inquisitoriales de los años cuarenta.

El Tribunal Popular en los años venideros y la Presidencia a cargo de Roland Freisler

El 20 de agosto de 1942, Hitler promovió a Otto Georg Thierack a Ministro de Justicia en reemplazo del saliente Schlegelberger, y Freisler ocupó el lugar de aquél como Presidente del Tribunal Popular tomando posesión del cargo el 15 de octubre de 1942.[140]

Este tribunal, establecido por fuera de los límites de la ley, tenía jurisdicción sobre un amplio espectro de «ofensas políticas» entre las que se incluían el mercadeo en negro, la desaceleración laboral y el derrotismo. Estas acciones eran vistas por el tribunal de Freisler como socavantes de la fuerza defensiva (Wehrkraftzersetzung) y, en consecuencia, resultaron severamente castigadas a punto tal que la pena de muerte fue, en numerosos casos, la sanción impuesta.

El Tribunal Popular casi siempre se ponía del lado de la acusación y ello era tan así que ser traído ante sus estrados era casi equivalente a pena de muerte. De ahí que no sorprendiera el que se lo considerara un tribunal ilegal.

Como presidente del tribunal, Freisler reunió en su persona al juez, al jurado, al fiscal y hasta al mismo anotador, pues de esa forma era el único responsable de la redacción de los fundamentos de las sentencias que él escribía con su propio estilo y con la única finalidad de que todas ellas estuvieran de acuerdo a su propia concepción de una «Corte Criminal Nacional-Socialista».

---

[140] Ese día, Freisler escribió la siguiente carta a Hitler que se encuentra archivada con el n° NG-176 en el Archiv für Zeitgeschichte de Múnich (cfr. Ortner, H., *El verdugo..., op. cit.,* p. 125):

«Mein Führer!

«Pido permiso para dirigirme a usted: he tomado posesión del cargo que me ha concedido y considero que ya me he familiarizado con él.

«Le agradezco la responsabilidad que me ha confiado, consistente en trabajar con lealtad y con todas mis fuerzas por la seguridad del Reich y la armonía interior del pueblo alemán, dando ejemplo como juez y a la cabeza de los hombres que forman el Tribunal Popular. Estoy orgulloso de ser responsable ante usted, mein Führer, el más alto jurista y juez del pueblo alemán, de la jurisprudencia de su máximo tribunal político.

«El Tribunal Popular no cejará en su empeño por juzgar como piensa que usted, mein Führer, juzgaría a cada caso.

«Heil Mein Führer!

«Su leal soldado político

«Roland Freisler».

Bajo la administración de Freisler el número de sentencias de muerte ascendió notablemente. Conocido por humillar a los acusados y por gritarles en las audiencias, este gran admirador de Andréi Vyshinski[141] determinaba de antemano la mayoría de sus sentencias -un 90% de ellas condenatorias a pena de muerte-, por lo que el juicio representaba una verdadera farsa judicial. Así, durante el período en que estuvo a cargo de la presidencia de ese cuerpo (agosto de 1942-febrero de 1945) se calculan en más de cinco mil las ejecuciones, de las cuales dos mil seiscientas, al menos, son directamente su responsabilidad. Ello significó que solo él fuera responsable, en sus tres años de mandato al frente del Tribunal del Pueblo, de tantas sentencias de muerte como las impuestas por el propio tribunal desde 1934 y hasta 1945. Para ello, Freisler contaba bajo su mando con más de 200 jueces inquisidores.

Entre los casos más renombrados cuyos juicios Freisler dirigió, se cuenta el de los jóvenes estudiantes de Múnich que conformaban la organización disidente la «Rosa Blanca» -liderada por los hermanos Sophie y Hans Scholl-, quienes en febrero de 1943 fueron ejecutados de inmediato en la guillotina por exigencia directa de Freisler.

A su vez, fue el encargado de juzgar a los aproximadamente 200 miembros de la resistencia alemana antinazi luego del fallido atentado contra Hitler y golpe de estado del 20 de julio de 1944, encabezado por el conde, a la sazón coronel, Claus von Stauffenberg. Durante el juicio, todos ellos fueron humillados por Freisler hasta llegar a extremos que ni los propios nazis toleraban, circunstancia que motivó que el propio Goebbels ordenara la destrucción de todas las copias de la filmación del juicio (lo que así se hizo). Sin embargo, algunas copias quedaron intactas y son las que hoy obran como testimonio y prueba del maltrato dispensado por Freisler a Hoepner, Hofacker, Goerdeler, Leber, Leuschner, Trott, Moltke, Berthold von Stauffenberg, Schwanenfeld[142], el reverendo Dietrich Bonhoeffer y su hermano Klaus Bonhoeffer y sus cuñados Hans von Dohnanyi y Rüdiger Schleicher.

---

141 Andrei Vyshinsky fue un juez soviético y uno de los hombres fuertes de Stalin en los procesos jurídicos que legitimaban las grandes *purgas* promovidas por el régimen stalinista. Vyshinsky se comportaba ruidosamente en el tribunal que presidía de la misma forma en que más tarde lo haría su admirador alemán Roland Freisler: vociferaba y gritaba improperios no solo a los acusados sino también contra aquellos que él suponía que los imputados representaban. Así, muchas veces en medio del juicio de un acusado comenzaba a gritar contra Trotsky, llamándolo de la forma y manera que se le ocurriera. La razón de ello era la mancha que había en su pasado -la de haber sido menchevique-, y dominado por ese fantasma terminaba necesitando ser más estalinista que el propio Stalin (cfr. Aguiar, Flávio, «Roland Freisler...», *op. cit.)*. Quizás a Freisler le sucediera lo mismo como consecuencia de su pasado ruso.

142 Durante el juicio de 1944 a Ulrich Wilhelm Graf Schwerin von Schwanenfeld, Roland Freisler gritaba tanto que los ingenieros de sonido tenían problemas con los micrófonos que se empleaban en la audiencia.

La pena de muerte, la cárcel de Plötzensee y Roland Freisler

La prisión de Plötzensee fue construida entre 1866 y 1879 en las afueras de Berlín y se concibió como una prisión antes que como una penitenciaria[143], pues su objetivo era la rehabilitación de sus detenidos. Sin embargo, después de que el nacionalsocialismo tomara el poder en 1933 la disciplina carcelaria se endureció mucho más, siendo sus nuevos objetivos la retribución, el destierro y la «eliminación» de toda persona considerada inferior.

Ese recrudecimiento se va a hacer palpable durante los doce años de gobierno nazi en Alemania y no van a ser ajenos a él ni el Tribunal Popular con sus órdenes de ejecución, ni esa institución total que brindaba el contexto para que dichas ejecuciones fueran viables, ni Roland Freisler cuando estuvo a cargo de la presidencia del mencionado tribunal.

Desde 1890 y hasta 1932 un total de 36 personas resultaron condenadas por homicidio y fueron ejecutadas por el hacha de un verdugo puertas afuera en el patio de la prisión.

En contraste con esos guarismos, es posible decir que 2891 personas resultaron víctimas de muerte solo en Plötzensee a manos de la justicia penal nazi, desde 1933 a 1945.

Hasta 1933, solo el homicidio y algunos delitos graves que involucraban el uso de explosivos eran castigados en Alemania con la muerte; para 1938, 25 delitos estaban incriminados con pena de muerte, pero a partir de 1939, bajo el dominio de un derecho penal especial para tiempos de guerra, la pena de muerte se encontraba prevista aún para aquellos casos de delitos menores.

En los primeros pocos años que van desde 1933 a 1936, un total de 45 personas fueron sentenciadas a muerte por medio del hacha de un verdugo en el patio de la prisión de Plötzensee. Sin embargo, el 14 de octubre de 1936, Hitler aprobó la propuesta del entonces Ministro de Justicia, Franz Gürtner, de emplear la guillotina para llevar adelante las ejecuciones de las penas capitales en el futuro y fue así como, en 1937, se designó un establo, dentro de la cárcel de Plötzensee, como el lugar donde se llevarían a cabo dichas ejecuciones. Entonces, bajo estricto secreto, se transportó desde la cárcel de Bruchsal en Badén hasta Plötzensee una guillotina en la que treinta y siete personas fueron asesinadas en lo que quedaba de 1937, cincuenta y seis en 1938 y noventa y cinco en 1939.

Los presos condenados eran mantenidos en un gran edificio en bloque con celdas (casa III), directamente adyacente al establo donde se realizaban las ejecuciones. Cada uno de ellos pasaba sus últimas horas engrillado en celdas especiales ubicadas en la planta baja, a las que habían apodado la

143 En Alemania, las penitenciarías, a diferencia de las prisiones, se caracterizan por el aislamiento total y las medidas disciplinarias mientras que en las cárceles los detenidos son alojados en cumplimiento de condenas más cortas y bajo condiciones menos severas.

«casa de los muertos». Los últimos pasos que darían los conducirían a través de un pequeño patio hacia la cámara de ejecución que albergaba la guillotina.

A finales de 1942, la cámara de ejecución comenzó a estar equipada con una viga de acero a la que se fijaban ocho ganchos de hierro, conformando así una horca que sería usada, de ahí en más, para las ejecuciones por ahorcamiento.

Los primeros en morir allí fueron los miembros de la organización de resistencia conocida como «Orquesta Roja», quienes más tarde serían secundados por los combatientes de la resistencia involucrados en el atentado de golpe del 20 de julio de 1944, a los que Freisler condenó en juicio sumarísimo.

De las 2891 personas ejecutadas en Plötzensee durante el régimen nazi, aproximadamente 1500 fueron sentenciadas por el Tribunal Popular y cerca de 1000 fueron condenadas por las Cortes Especiales. Las otras 400 víctimas fueron sentenciadas a muerte por el Tribunal Militar del Reich, por otros tribunales militares, por el Tribunal del Reich, el tribunal de apelaciones y otros tribunales estaduales.

La cárcel de Plötzensee, que en la actualidad es un monumento a la memoria de lo allí vivido, no fue el único lugar donde se llevaron a cabo las ejecuciones, pero sí el más emblemático a la luz de la figura de Roland Freisler.

El que a hierro mata...

El 3 de febrero de 1945, Roland Freisler se encontraba presidiendo una audiencia de sábado del Tribunal Popular cuando los bombarderos norteamericanos atacaron Berlín. Las bombas hicieron blanco en los distintos edificios del gobierno y del Partido Nazi, incluyendo la Cancillería del Reich, los cuarteles generales de la Gestapo, la Cancillería del Partido y el Tribunal popular. Fue el mayor bombardeo que sufriera Berlín desde el comienzo de la guerra.

De acuerdo con uno de los reportes, Freisler aplazó precipitadamente la audiencia y habría ordenado que los prisioneros de ese día fueran llevados a resguardo. Sin embargo, fue todo tan repentino que no hubo tiempo para que se evacuara la sala en la que se encontraba y, en el momento en que hizo una pausa para poner a resguardo los expedientes de aquel día, habría muerto cuando una bomba alcanzó casi directamente el edificio del Tribunal y una viga de su propia sala de audiencias se le viniera encima para atraparlo mortalmente.[144]

En el reporte de su muerte se dijo que su cuerpo había sido encontrado aplastado por la mampostería que se había desprendido de una columna, mientras sostenía en la mano los expedientes que había intentado resguardar. Entre aquellos expedientes, se hallaba el del teniente Fabián von

[144] Granberg, Jerje, AP despacho de Estocolmo reimpreso como «Berlín, Nerves Racked by Air Raids, Fears Russian Army most», *Oakland Tribune*, 23 de febrero de 1945, p. 1.

Schlabrendorff[145], uno de los miembros del complot del 20 de julio de 1944 que esperaba ser enjuiciado ese día y que enfrentaba cargos que lo conducirían indefectiblemente a la pena de muerte. Sin embargo, el juez Harry Haffner (1900-1969), que sucedió a Freisler en la causa de Fabián von Schlabrendorff, concluyó que había que absolverlo por falta de pruebas.

Freisler fue enterrado en el mausoleo familiar en forma anónima, y por órdenes expresas de Hitler no se le rindieron funerales de estado.

Sus dos hijos (Harald y Roland) dejaron de utilizar el apellido tras su muerte. Después de la guerra su viuda Marión Russegger (1910-1997) cobró la pensión estatal por viudez hasta 1952.

[145] Testigos sobrevivientes del bombardeo refieren que minutos antes de que terminara la audiencia se desató el bombardeo y en aquella oportunidad Freisler le había señalado a Schlabrendorff que «le mandaría directo al infierno», a lo que von Schlabrendorff le respondió que «con gusto le permito ir delante».

CONTEXTO HISTÓRICO-IDEOLÓGICO DEL DERECHO PENAL DE LA VOLUNTAD

Por José Luis Guzmán Dalbora

I

La impresión que probablemente abrumará al lector tras revisar las primeras páginas de este libro se debe a la crudeza de los planteamientos, una completa indiferencia por la suerte de quienes habrían de sufrirlos y el agresivo lenguaje del autor. A medida que se adentre más en el pliego, sentirá un nuevo estremecimiento ante la franqueza, mejor dicho, el descaro con que está escrito.

Oigamos algunas frases entresacadas del conjunto, sin unirlas todavía a su entramado ideológico. Una nueva concepción del mundo, «enraizada en lo más íntimo y profundo del alma popular», de la que brota un Derecho asimismo inédito, indica que «el liderazgo del pueblo se consigue a través de la lucha». La génesis del Derecho penal producto del liderazgo está exenta de la tiranía del número, de la «naturaleza irresponsable de la democracia», que impide conseguir «un Derecho penal de una sola pieza, pleno de carácter y esencia». Este Derecho penal, concebido por el pueblo como «un aparato continuamente operativo de autolimpieza de su propio cuerpo», será un ordenamiento de combate contra los perturbadores de la paz, pero también contra «el tipo del perturbador de la paz, el que hace de la tendencia a lo asocial, anárquico, injusto —que en forma embrionaria existe en todo miembro del pueblo— una disposición a realizarlo en su vida como principio». Respecto de semejante oponente, la meta del Derecho penal consiste, no solo ni tanto en «combatirlo, sino aniquilarlo». Clarificada así su orientación, solo resta definir quién es y dónde está el enemigo. Para una posición heroica ante la vida, la del que vive peligrosamente y se rige por la máxima: «¡debo, quiero, puedo!», enemigo solo puede ser la voluntad contraria al principio rector del pueblo. El Derecho penal de la voluntad tiene que ser implacable; exige expiación, la venganza por la que clama el pueblo «a través de sus heridas abiertas, sangrantes» y cuya relación con el delito es innecesario fundamentar intelectual o filosóficamente, «porque la exigencia de expiación es vital, ¡y con eso basta!». Solo interesa la correspondencia, la unidad entre el orden ético del pueblo y el Derecho penal, que precisamente a causa de ello dirige sus prescripciones hacia la voluntad. Aniquilar la voluntad perturbadora de la paz, vengarse del delito y brindar «el pilar psíquico de la disposición a la lucha del núcleo popular sano», esos tres objetivos dictados por la novel concepción del mundo deben intervenir prontamente, sin parar mientes en un resultado externo lesivo. El Derecho penal ha de operar, no como una defensa ante males consumados, sino cual una «agresión, la más segura de las defensas», al igual que el soldado bien entrenado que ataca «en lo posible antes y con todo el poder» y no cede después a la clemencia, pues el enemigo vencido, como el individuo en general, carece de derechos frente al pueblo.

Estos párrafos fueron publicados en 1934-1935, ocho años antes de que Roland Freisler (1893-1945) cobrara sanguinaria celebridad en su función de Presidente del Tribunal del Pueblo, el órgano encargado del enjuiciamiento de delitos políticos contra el régimen nazi, creado por este el propio año de 1934 y a través de cuyas cuantiosas sentencias capitales, pronunciadas con abierto desprecio de las formas procesales, del Código penal, de los derechos y el decoro de los acusados, así como de la imparcialidad y dignidad de la función judicial, habló hasta la saciedad el fanático «que escondía bajo la toga del jurista la daga del asesino»[1]. Freisler, un obscuro abogado que se había incorporado en 1925 al Partido Nacionalsocialista de los Trabajadores Alemán, consiguió hacer carrera en la burocracia ministerial y jurídica tras la toma del poder, en 1933, precisamente por su vehemente defensa de los objetivos político-jurídicos del Partido: el control de la Administración de Justicia, la ideologización de Derecho y proceso penales, la comunidad del pueblo como fuente supralegal y el principio de que toda sentencia judicial debe convertir a la voluntad del conductor del pueblo en la fuerza normativa superior del ordenamiento. Estas ideas, lo mismo que el abandono del Estado de Derecho liberal en favor de un orden popular que armonice Derecho, costumbres y moral, venían siendo ardorosamente sustentadas por Freisler en una plétora de publicaciones que le atrajeron notoriedad y favorecieron su arribo al máximo aparato de destrucción política del régimen, el *Volksgerichtshof.* Por ello su nombre figura con una escueta semblanza en algunas enciclopedias biográficas de juristas, como la cuidada por el distinguido historiador Michael Stolleis.

Si la implacable actuación de Freisler en la cabeza de aquella «sala de justicia» sobrepasó las expectativas de sus superiores al nombrarlo, la raíz ideológica de los fallos, incluso el brutal desparpajo fraseológico disparado contra los inculpados, eran reconocibles, empero, en la obra del burócrata de

---

[1] Esta frase, tomada del fallo de uno de los juicios de Núremberg, no es en absoluto una metáfora y, como explica Klug, contrasta con el hecho de que tras la guerra no se llevó ante la justicia alemana a estos asesinos togados. Los jueces del Tribunal del Pueblo vistieron la toga roja, que simboliza el color del Derecho, reservada a los magistrados del Tribunal Supremo, por disposición de Hitler, aunque el atuendo no cambió en absoluto «la naturaleza de su tarea política de exterminación» (Ingo Müller). De hecho, uno de los condenados sin prueba alguna por Freisler tras el atentado del 20 de julio de 1944, el jurista Helmuth James Graf von Moltke (1907-1945), dijo que «comete alta traición todo aquel que no es del agrado del señor Freisler». Recogemos el pasaje de Fritz von Hippel.

la primera mitad de los años treinta del siglo XX, en su contribución personal a la reforma global del Derecho penal de su país. La continuidad se explica a la luz de uno de los objetivos centrales del totalitarismo en versión tudesca. Como había que coordinar o unificar todos los aspectos de la vida del individuo y la sociedad con la ideología nazi -acción denominada *Gleichschaltung*-, así también era imperioso disponer de una «Jurisprudencia modelada por el dominio político» (Kirchheimer). Primero se atacó la doctrina jurídica, pronto la praxis de los tribunales. En este proceso, que se completó en el arco de poco más de un lustro, se percibe tanto la inserción de la prédica de Freisler en el politicismo jurídico de estampa alemana, como la esencial similitud de su palabrería con los desarrollos más finos preparados por auténticos juristas, que trabajaron con él en la ímproba empresa de conformar el Derecho penal venidero. No solo eso. El desenlace de la tentativa de delito en las propuestas de Freisler fue pavimentado por los trabajos científicos y proyectos *de lege ferenda* que precedieron la instalación de los nuevos amos del país. Huellas de aquellos antecedentes y este desenlace subsisten todavía en el Derecho positivo. De estos tres aspectos diremos lo indispensable a continuación.

II

Con razón el iusfilósofo y civilista español Antonio Hernández Gil dedicó un capítulo de sus libros sobre metodología del Derecho al politicismo jurídico. Pudiera denominárselo también doctrina de la politicidad del Derecho, de no ser porque esta teoría va mucho más allá de la indudable enseñanza de que el Derecho es una proyección del ordenamiento político de una comunidad.

Para el politicismo el Derecho está determinado por la política en cada uno de sus segmentos, en la creación, estudio y aplicación de las reglas jurídicas. El jurista debe partir de la base de que toda norma está al servicio de ciertos fines políticos, ha de expresarlos concretamente en cada situación sometida a su juicio. Por cierto que esta unción de Derecho y política no atañe a la política en general, sino a una determinada concepción política, a las ambiciones supraindividuales o sustancialistas del totalitarismo. En la modalidad fascista prevalece el primer elemento; aquí el gobierno del poder de dominación descansa en la hegemonía del Estado respecto del individuo. En la variedad nazi, a su turno, el transpersonalismo se apoya en una visión sustancialista de la realidad; la entidad sustancial coincide con el pueblo y el ser popular, los que, en palabras de uno de los teóricos del Derecho penal nacionalsocialista, Georg Dahm (1904-1963), «señalan así una unidad de raza y de sangre y también una comunidad espiritual». Conviene tener presente que Dahm se había formado con Gustav Radbruch (1878-1949). Aunque renegó de las directrices políticas y científicas de su profesor al abrazar la ideología totalitaria, eso no resta un ápice a la calidad que habían revelado sus investigaciones jurídicas realizadas hasta ese punto[2]. Su caso es un paradig-

2 La principal y más notable fue el escrito de habilitación sobre el Derecho penal italiano en las postrimerías de la Edad media. Su compañero en el diseño conceptual del Dere-

ma de la intranquilidad que deja en el espíritu el hecho varias veces demostrado de que los movimientos totalitarios, al margen de su nombre y signo, consiguen atraer no solo a advenedizos, tránsfugas y matones, sino también a miembros de la élite de la sociedad[3].

Por lo demás, la teoría jurídica era un asunto que tenía sin cuidado a la oligarquía del movimiento. Conocida es la aversión de Hitler por el Derecho y la repugnancia que sentía hacia el estamento de los juristas. Solo Alfred Rosemberg dedicó breves párrafos de su febril centón *El mito del siglo XX* al vínculo de Derecho y política, donde afirma que ambos son manifestaciones de la misma voluntad que está al servicio del supremo valor racial del pueblo, o sea, que «justo es lo que los hombres arios consideran como justo» y la política tiene el deber de realizarlo totalmente[4]. De la doctrina jurídica en general se ocupó un catedrático militante del Partido, Carl Schmitt. Según este, el Derecho no descansa en normas abstractas ni en decisiones de la autoridad, sino en un orden concreto y supraindividual que expresa el espíritu de la comunidad nacional en su constante transformación, obliga al pueblo y es lo único que puede ser infringido por el delito en el elemento cardinal de tal orden, el principio de identidad de la raza. Si en este orden concreto yace la fuente profunda de que emanan las normas y decisiones jurídicas, y a él habrá de atenerse rigurosamente el juez al aplicar las primeras y adoptar las segundas, antecedente inmediato del Derecho es la política con su distinción específica de amigos y enemigos, conceptos que adquieren su contenido también concreto, real, «por el hecho de que están y se mantienen en conexión con la posibilidad de matar físicamente», una eventualidad de la que se hace cargo el Estado ante los individuos como quiera que el valor de un hombre depende de su posición de amistad o enemistad con respecto al propio Estado.

En la elaboración de la teoría penal del nacionalsocialismo intervinieron varios personajes, entre otros, Helmut Nicolai (1895-1955), Wenzeslaus von Gleispach (1876-1944), Albrecht Erich Günther (1893-1942), Hellmuth Mayer (1895-1980), Erik Wolf (1902-1977), Wilhelm Sauer (1879-1962) y, sobre todo,

cho penal nacionalsocialista, Friedrich Schaffstein (1905-2001), recordaría muchos años después que Radbruch rehusó todo contacto con Dahm tras la afiliación de este al Partido en 1933, el mismo año en que el maestro fue destituido de su cátedra en Heidelberg. Dahm ocuparía la cátedra de Kiel gracias a la remoción de Hermann Kantorowicz (1877-1940), y Schaffstein enseñaría durante algún tiempo en Göttingen tras la separación forzada de otro insigne penalista de origen judío, Richard Honig (1890-1981).

3 «Sería temerario tratar de disminuir la importancia de la terrible lista de hombres preclaros a los que el totalitarismo puede contar entre sus simpatizantes, compañeros de viaje y miembros inscritos del partido, atribuyéndolo a extravagancias artísticas o a una ingenuidad profesoral" (Arendt). En menor medida, el fenómeno se repitió en algunas de las dictaduras que asolaron el continente americano en la segunda mitad del siglo XX, como la liderada por Augusto Pinochet Ugarte en Chile (1973-1990).

4 En la frase entrecomillada yace, no obstante, un «concepto» del Derecho que pude considerarse como fundamento de las concepciones penales del nacionalsocialismo, advierte Ruiz Funes. El propio Rosemberg escribió que la pena no es venganza ni vehículo de educación, sino un medio con que separar socialmente o eliminar físicamente a individuos extraños a la comunidad racial o traidores al pueblo.

los ya mencionados Dahm y Schaffstein. Aunque no se trata de un cuerpo de doctrinas bien elaborado ni completo, objetivo tanto menos realizable cuanto más lo impedían sus bases irracionalistas, y pese a las discrepancias existentes en el seno de los juristas nazis acerca de cómo debía conformarse el futuro Derecho penal, de la argamasa de prejuicios criminológicos, captaciones intuicionistas y pretensiones voluntaristas resultó el siguiente plexo de postulados, bien resumidos por Gustav Radbruch y Luis Jiménez de Asúa: 1) el Derecho penal nazi rechaza que el delito sea un hecho socialmente condicionado; su raíz estriba en disposiciones hereditarias[5]; 2) los delincuentes son individuos incorregibles o degenerados a los que la pena debe segregar, incapacitar o eliminar; 3) el delito atenta contra la comunidad del pueblo concebida como una unidad racial; 4) consiste en un acto de desobediencia a deberes de fidelidad y, por consiguiente, una traición a la comunidad popular[6]; 5) no está integrado por la conjunción de una serie de caracteres o elementos lógicamente separables y distintos entre sí, sino que es una unidad inescindible; 6) el Derecho penal está al servicio de la política, en vez de proteger los intereses del individuo y de la sociedad; 7) los valores de la comunidad popular, encarnados en la conducción estatal del pueblo, son transpersonales y absolutos; lo cual, por una parte, endereza el Derecho penal, en sentir de Dahm y Schaffstein, a «proteger tenazmente la dignidad del Estado y el honor de la nación» y, por otra, lo torna incompatible con el relativismo y ninguna otra consideración del delincuente que la de enemigo o ser de menor valor; 8) la absolutización de la concepción del mundo exige la unidad de Derecho penal y moral, de donde la imposibilidad de escindir hecho y agente, que hay que fundir en tipos normativos de autor, y la necesidad de que la pena sea un acto de difamación; 9) semejante unidad requiere un Derecho penal viviente cuya matriz productora de normas jurídicas y directiva para la interpretación de las leyes, es el sano sentimiento del pueblo, y 10) el Derecho penal nazi es un Derecho voluntarista, que pretende anular la voluntad enemiga del pueblo doquiera se encuentre, para que expíe su falta y vigorice el orden jurídico, educando a los demás en la recta conformación del ser popular.

III

El Derecho penal de la voluntad halla su sedimento ideológico en los factores que presidieron la cancelación del principio de legalidad y el afán de invadir con contenidos éticos el *ius puniendi* hasta identificarlo con la moral -una de las tantas ramificaciones de la *Gleichschaltung*-, y su antecedente dogmático, en las teorías subjetivas sobre la punición de la tentativa.

---

5 La compatibilidad de estas con la libertad de la voluntad como fundamento de la imputación penal, que se leerá asimismo en Freisler, es una de las innúmeras incoherencias de esta ideología política disfrazada de ciencia.

6 No solo los delitos políticos. «Lo que se pone de manifiesto con el delito de traición a la patria -escribió Dahm-, también lo revela cualquier delito, aunque sea diferente y en medida menor, pues la esencia de todo delito reside en poner de manifiesto una disposición interna y una posición enemiga de la comunidad, sea en la voluntad o bien en la indiferencia dañosa para la comunidad».

Si el Derecho penal totalitario busca atacar la actividad criminal en sus fuentes internas, el ámbito propio de la moral[7], es porque exige ante todo una voluntad fiel al Derecho, a la comunidad racial del pueblo. En consecuencia, la pena de la voluntad rebelde tomará principalmente en cuenta, no la producción de un resultado externo dañoso para los demás porque ofende bienes jurídicos, sino la orientación depravada del sujeto agente. Incluso la acción misma, cuya importancia ni siquiera Freisler pudo cancelar, es tan solo el medio para indagar la presencia de una voluntad delictuosa. «No es necesario que sea idónea para producir el resultado tenido en consideración, sino basta que lo haya previsto y querido. De esto se sigue que debe incriminarse también el acto inidóneo, que todo delito deba considerarse consumado ya en el momento de la tentativa, que todos los esfuerzos para distinguir el acto preparatorio del ejecutivo sean vanos: todo acto es razón suficiente de punibilidad», comentó Bettiol en su estudio pionero de los condicionamientos políticos del Derecho penal. Por lo demás, estas conclusiones fueron presentadas inequívocamente en un artículo de Georg Dahm fechado en 1935[8], coincidían en lo medular con el enfoque de Freisler y, lo que es más importante, habían sido aviadas por el decurso del Derecho penal alemán durante los cincuenta años que precedieron la instalación de la satrapía hitleriana en los tres segmentos de la doctrina, jurisprudencia y política legislativa.

Las teorías subjetivas del castigo de la tentativa, con su nota enemiga al principio de ejecución -o lo que es igual, la tipicidad distintiva de los Derechos penales legalistas-, al principio de ofensividad y a la segregación de los planos jurídico y moral, gozaban de antiguo prestigio en la doctrina germánica (Tittmann, Luden, Bauer, Hepp, Köstlin, Hälschner, Janka, etc.). Cifrar el fundamento de la tentativa en el dolo del autor coincidía con categorías idealistas, de hondo arraigo en el país, que eran incapaces de separar la antijuridicidad de la culpabilidad y, en las postrimerías del siglo XIX, se amoldó dócilmente a la orientación político-criminal hacia el autor propugnada por la Joven escuela alemana y las concepciones sintomáticas del acto delictuoso. En el ínterin, Maximilian von Buri (1825-1902) había hecho triunfar el subjetivismo en la jurisprudencia, que mucho antes de la doctrina nazi venía castigando casos clamorosos de tentativa inidónea, como atacar un cadáver o apoderarse de cosas ajenas ignorando el consentimiento del dueño. Esto puede achacarse al conservadurismo social, incluso la actitud políticamente reaccionaria que campaba entre los jueces de la época Guillermina y la República de Weimar.

---

7 Ruiz Funes aclara que este designio de moralizar el Derecho penal no afecta tanto al delito cuanto al delincuente; «la moralización del delito -apunta, no sin razón- es un problema ajeno a las preocupaciones de la teoría penal totalitaria».

8 «No se pena la realización del resultado, sino la actividad de la voluntad peligrosa y enemiga del pueblo. Se aprehende al autor, no al hecho, si bien el hecho también puede caracterizar al hombre. Por eso el juez puede castigar el ataque frustrado igual que el delito de resultado consumado. La tentativa coincide con la consumación y deja de existir como tal. La tentativa inidónea es tan merecedora de pena como la realización del resultado, a no ser que no haya generado el más mínimo *[sic]* peligro y deje intacta a la comunidad».

Sin embargo, todavía más significativo en orden al lógico corolario del subjetivismo, el Derecho penal de la voluntad, es que todos los proyectos de reforma total del Código de 1871, cuyo parágrafo 43 se inspiró en el objetivismo francés[9], adhirieron a la teoría subjetiva, aun el Proyecto elaborado bajo la dirección de Gustav Radbruch en 1922, con un parágrafo (el 23) en verdad premonitorio, que penaba a título de tentativa al que actúa la decisión de realizar un hecho punible mediante conductas que, a la luz de su representación, constituyen inicio de la ejecución, disciplina acentuada en el Proyecto de 1925, que colocó en primera y decisiva línea la personalidad o voluntad malvada del agente, limitando la impunidad de la tentativa inidónea a los supuestos de grosera ignorancia de las leyes naturales. Con razón anota Sergio Seminara, en su completísimo análisis histórico-comparativo del tema, que «frente a esta correspondencia absoluta de las soluciones adoptadas en tema de tentativa por los diversos Proyectos, pese a haber sido redactados en contextos políticamente lejanos y por comisiones culturalmente heterogéneas, parece indesmentible la existencia de un difuso favor hacia la concepción subjetiva».

IV

El águila nazi dirigió inmediatamente su rapacidad a la reforma del Derecho penal. Si bien «la propaganda pedía alejarse de las precedentes obras de reforma, así como del Código penal liberal del *Reich* de 1871» (Vormbaum), los juristas del régimen no abandonaron las tendencias ya insinuadas en materia de tentativa, de lo cual, por lo demás, brinda una clarísima demostración el elogio de Freisler a la jurisprudencia del Tribunal Supremo del Imperio.

Freisler cita también la «Memoria» preparada a mediados de 1933 por una Comisión del Ministerio de Justicia de Prusia que encabezó el titular de la cartera, Hans Kerrl (1887-1941). Este documento contiene el boceto de un Derecho penal nacionalsocialista. Giraba en torno de dos ejes, el desplome de la legalidad penal merced a la introducción de la analogía y el reemplazo del viejo Derecho penal de lesión por otro llamado indistintamente Derecho penal del peligro o de la voluntad, el que requería reconfigurar los tipos delictuosos de manera que su eje no fuese el resultado, sino el hecho de emprender una conducta idónea para causarlo. Por cierto, yacen aquí la sede ideológica de los delitos de emprendimiento *(Unternehmensdelikte),* que harían carrera en el Derecho posterior, pero, sobre todo, el antecedente inmediato de las elucubraciones de Freisler y el punto de contacto con los proyectos precedentes.

El escrito que prologamos surge en el interior de los trabajos de una Comisión oficial nombrada en noviembre de 1933 por el Ministro de Justicia del *Reich,* Franz Gürtner (1881-1941), animador de la empresa codificadora y de numerosas reformas parciales del nacionalsocialismo, quien le encomendó la tarea de componer un nuevo Código penal. La integraron el propio Ministro de Justicia, los Ministros de Justicia de los Estados de Prusia y Baviera, Kerrl y Hans Frank

[9] Su párrafo primero rezaba así: «Quien actúa la decisión de cometer un crimen o delito mediante acciones que consistan en un comienzo de ejecución de dicho crimen o delito, si el crimen o delito propuesto no ha llegado a consumarse, será penado a causa de tentativa».

(1900-1946), los secretarios de Estado Freisler y Franz Schlegelberger (1876-1970)[10], cinco nombres del foro penal (Grau, Klee, Leimer, Lorenz y Reimer) y otros cinco representantes de la ciencia criminalista, los profesores Dahm, Gleispach, Edmund Mezger (1883-1962), Eduard Kohlrausch (1874-1948) y Johannes Nagler (1876-1951)[11]. En cuatro sesiones del invierno de 1933-1934, Freisler fue ponente en los temas de Derecho penal de peligro y de lesión, proscripción penal, penas principales, accesorias y medidas de seguridad. Sin embargo, en el Informe de los trabajos de la Comisión, publicado en 1934-1935 y que representa una verdadera exposición de motivos del futuro Código, el argumento desarrollado por el secretario ministerial es la tentativa y la consumación en el marco del Derecho penal de la voluntad.

El Informe es más coherente que la Memoria del año anterior. El Derecho penal de la voluntad no es identificado ahora con uno del peligro, incompatibilidad que mezclaba la punición del autor con la del hecho, la conducta considerada peligrosa para la comunidad popular con el peligro de bienes jurídicos. Ambos documentos comparten el desplazamiento de la tentativa hacia el papel de prototipo del delito; pero el Informe es decididamente voluntarista y proclive a la confusión de Derecho y moral, esa moral fundada en los sentimientos del pueblo y la superioridad de la raza. Freisler se encargó de defender su postura a propósito del trabajo paralelo de la Comisión penal de la Academia de Derecho Alemán, en 1934, y de los «Lineamientos nacionalsocialistas de un nuevo Derecho penal alemán» diseñados por la Oficina jurídica del Partido en 1935, que el autor alcanzó a consultar en su control de la primera edición del Informe, aprobando con entusiasmo -lo verificará el lector al cierre del libro- el lineamiento que declara que el Derecho penal deberá edificarse sobre la incondicional observancia del deber de fidelidad popular. Repárese en que la transformación del Derecho penal de la voluntad en otro de la fidelidad estaba encapsulada en el eje ideológico del Informe original. Allí está escrito que hay que penar la voluntad del autor apenas se manifieste en un acto desvalorado por el orden vital del pueblo, no el hecho punible como tal. Tiene que desaparecer la distinción de tentativa y

---

10 Schlegelberger fue condenado a reclusión perpetua en los juicios de Núremberg por conspiración para cometer crímenes de guerra y contra la humanidad. A su vez, la fecha del deceso de Hans Frank, en 1946, corresponde a su ejecución capital, ordenada por el Tribunal militar internacional de Núremberg a raíz de crímenes contra la humanidad perpetrados en Polonia.

11 Las investigaciones de Francisco Muñoz Conde han demostrado la decidida adhesión teórica y participación práctica de Mezger en los proyectos jurídicos del nacionalsocialismo. El papel de Nagler y Kohlrausch es menos notorio. Eberhard Schmidt atribuye a Kohlrausch el mérito de haber impedido con su trabajo silencioso en la Comisión que el proyecto definitivo, considerado inadmisible por los jerarcas nazis, se convirtiese en ley. Pero figurar en la Comisión de 1933, atendidas las circunstancias de la hora, indica muy otra cosa. El penalista sabe por formación profesional que colaborar con criminales torna delincuente también al colaborador. En su poema sobre los intelectuales franceses que se pusieron al servicio del invasor, Paul Éluard dice que estos «espantados espantosos... no hablaron inocentemente», que «hermosas palabras de alianza/os han manchado de basura / Sus bocas dan sobre la muerte».

consumación, que quedarán equiparadas en su castigo, manteniendo la diferencia entre actos preparatorios -sancionables si lo requiere el orden popular para enfrentar la voluntad rebelde- y consumación, mas siempre según el módulo general del emprendimiento. Será también pasible de pena la tentativa inidónea, porque tras ella se oculta un enemigo de dicho orden, salvas las tentativas supersticiosas iniciadas por voluntades poco enérgicas.

Estas ideas cuajaron en el Proyecto de Código penal alemán de 1936, que divisó en la voluntad del agente el enemigo que hay que combatir con los medios del Derecho penal. El parágrafo 7 disponía que existe inicio del hecho en toda conducta que, aun solo según la representación del autor, se dirige inmediatamente a la realización del tipo; el juez puede atenuar la pena, teniendo la facultad de abstenerse de esta si el agente creyó equivocadamente, por una incomprensión grosera, que su conducta alcanzaría la consumación. El parágrafo 8 agregó que emprende un hecho ya quien lo inicia.

No obstante, discrepancias de los dirigentes del Partido, en particular la pugna con Gürtner de Hans Frank, fundador de la Academia de Derecho Alemán, uno de los juristas más importantes del Tercer *Reich* y desde 1934 ministro sin cartera del Gobierno de Berlín, impidieron que el Proyecto avanzara. A finales de 1939 Hitler comunicó al Ministro de Justicia que las circunstancias del momento -había comenzado la guerra- no eran apropiadas para emitir leyes fundamentales como un Código penal[12].

V

La interpretación según la cual el yugo nacionalsocialista representó una ruptura y, acto seguido, la perversión del ordenamiento jurídico-penal del país, que tras la derrota en los campos de batalla y la muerte de Hitler pudo restañar sus heridas y renovarse, disfruta actualmente de poco predicamento entre los historiadores del Derecho.

Al contrario, en no pocos puntos estelares de las teorías de delito y pena, así como en la estructura íntima de algunas figuras delictuosas en particular, aparecen trazos de continuidad con las inclinaciones que habían emergido antes y cristalizaron después de 1933- Thomas Vormbaum enlista los más conocidos: punibilidad anticipada y en el área periférica de los tipos mediante delitos de peligro abstracto; delitos de asociación y de emprendimiento[13]; de-

[12] Pero el Gobierno ya había sancionado y aprobaría todavía reformas parciales de superlativa importancia, como la que introdujo en 1935 la analogía según el sano sentimiento popular y otra que reconfiguró en 1941 algunos delitos en el sentido de los tipos normativos de autor.

[13] Para los que el Código vigente, de 1975, reserva nada menos que una interpretación auténtica con textual en el parágrafo 11, apartado 6: se entiende por emprendimiento de un hecho su tentativa y la consumación. El concepto de emprendimiento había plasmado legalmente en 1934 y 1951, pero solo respecto del delito de alta traición. Fonseca registra que hacia la sexta década del siglo XX la doctrina, incluyendo adalides del Proyecto alternativo de 1966, lo consideraba irrenunciable para el Derecho penal de la joven República y válido en todos los tipos en los que la ley emplea fórmulas gramaticales denotativas de emprender algo criminoso.

preciación de los principios de determinación y prohibición de la analogía en la factura y, respectivamente, la inteligencia de los tipos; reglas ejemplares en vez de catálogos taxativos; elementos subjetivos como compensación de la vaguedad de requisitos objetivos; aumento y dilatación de las posiciones de garante en los delitos impropios de omisión; amplia discrecionalidad judicial en la selección y conmensuración de las penas; medidas de reeducación y seguridad contra autores inculpables y, *last but not least,* componentes de la voluntad en lugar de la objetiva consumación del delito. Si no todas, cuando menos la mayoría de tales soluciones, que hoy se presentan expurgadas de las frases odiosas que vociferaron los arquitectos del Derecho penal de la voluntad, resultan compatibles con la vena filosófica irracionalista y el nervio político totalitario del nacionalsocialismo. Además, dibujan un estrepitoso contraste con la estructura de un Estado de Derecho como reconocidamente es el de Alemania. De ahí que Vormabum concluya con acierto que, también en las cuestiones penales, «superar el pasado solo puede significar superar los problemas del presente».

La situación de la tentativa continúa confirmando el provecto predominio de la teoría subjetiva y el eclipse de la noción de peligro objetivo. La existencia del peligro descansa en la representación del autor, dado que la primera es clave para saber si el segundo «se dispone inmediatamente a la realización del hecho «, en la dicción del parágrafo 22 del Código en vigor. Siendo así, parece natural la punibilidad de la tentativa inidónea, la disminución apenas potestativa de la pena del conato propiamente dicho y la autorización para prescindir del castigo nada más que en los intentos hueros de destino a causa de concepciones aberrantes o supersticiosas del sujeto (parágrafo 23). Como en el grotesco esperpento literario de 1934-1935.

Al margen de las condiciones particulares descritas, todo espíritu amante de la libertad ha de estar en guardia ante la terca y multifacética seducción de teñir de subjetivismo el juicio de antijuridicidad, porque lo que se dice de la consumación se predica también del delito imperfecto, y en ambos casos va en juego la frontera de los foros moral y jurídico; de capitular en la tarea de distinguir conceptualmente las etapas del proceso ejecutivo del delito, atrayendo hacia la férula de la maquinaria punitiva del Estado los actos preparatorios, las resoluciones manifestadas, la tentación y los propósitos criminosos; de renunciar a la ofensa objetivada de bienes ajenos como elemento indispensable en todo delito: en síntesis, el desprecio de los dictados de la razón en aras del voluntarismo, así sea que este se emboce con alguna circunstancial necesidad de punición, llámesela terrorismo, criminalidad organizada, de estupefacientes, sexual, corrupción, internacional o como fuere.

En este sentido, leer el abominable garrapato de Roland Freisler es un ejercicio útil y muy actual. Él no integra galería alguna de juristas, ni buenos ni malos. Su recuerdo nos habla desde el museo de las aberraciones, para advertirnos aquello que el jurista no debe ser ni puede tampoco admitir o simplemente tolerar.

Bibliografía (por el orden de aparición de las referencias en el texto)

Joe J. Heydecker y Johannes Leeb, El proceso de Núremberg, 7ª ed., traducción de S. Tamurejo, Barcelona, Bruguera, 1972.

Ulrich Klug, «La valoración jurídica de la criminalidad nazi en la jurisprudencia de la Corte Federal de Justicia», en Problemas de la Filosofía y la Pragmática del Derecho, Biblioteca de Ética, Filosofía del Derecho y Política, número 1, traducción de Jorge M. Seña, revisada por Ernesto Garzón Valdés y Ruth Zimmerling, México, Distribuciones Fontanamara, 2002, pp. 151-176.

Ingo Müller, Los juristas del horror, traducción de Carlos Armando Figueredo Planchan, Bogotá, Alvaro Nora Librería Jurídica, 2009.

Fritz von Hippel, Die Perversion von Rechtsordnungen, Tübingen, J. C. B. Mohr, 1955.

Michael Stolleis (editor), Juristen. Ein biographisches Lexikon von der Antike bis zum 20. Jahrhundert, München, Verlag C. H. Beck, 2001.

Otto Kirchheimer, Justicia política. Empleo del procedimiento legal para fines políticos, traducción de R. Quijano, México, Unión Tipográfica Editorial Hispano Americana, 1968.

Antonio Hernández Gil, Obras completas, 7 vols., Madrid, Espasa-Calpe, t. V (Metodología de la Ciencia del Derecho), 1988.

Georg Dahm, «Derecho penal nacionalsocialista y fascista», traducción de Leonardo Brond y presentación de Eugenio Raúl Zaffaroni, en Revista de Derecho penal y Criminología, Buenos Aires, La Ley, año III, n° 6, julio de 2013, pp. 239-256.

Friedrich Schaffstein, «Erinnerungen an Georg Dahm», en Jahrbuch der Juristischen Zeitesgeschichte, Berlín, Berliner Wissenschafts-Verlag, Band 7, 2005-2006, pp. 174-202.

Hannah Arendt, Los orígenes del totalitarismo, versión española de Guillermo Solana, Madrid, Taurus, 1998.

Alfred Rosemberg, El mito del siglo XX. Una valoración de las luchas anímico-espirituales de las formas en nuestro tiempo, sin indicación de traductor ni del año de publicación, Bogotá, Libros Hidalgo.

Mariano Ruiz Funes, El delito político, México, Editorial Hermes, s/f.

Cari Schmitt, I tre tipi di scienza giuridica, a cura di Giuliana Stella, Torino, Giappichelli, 2012.

Carl Schmitt, El concepto de lo político, texto de 1932 con un Prólogo y tres Corolarios, versión de Andrés Agapito, Madrid, Alianza Editorial, 2005.

Gustav Radbruch, «¿Derecho penal autoritario o social?», en El hombre en el Derecho. Conferencias y artículos seleccionados sobre cuestiones fundamentales del Derecho, traducción de Aníbal del Campo, Buenos Aires, Depalma, 1980, pp. 75-93.

Luis Jiménez de Asúa, «El Derecho penal totalitario en Alemania y el Derecho voluntarista», en El criminalista, 17 vols., Buenos Aires, La Ley, v. VII, 1947, pp. 61-186.

Georg Dahm y Friedrich Schaffstein, ¿Derecho penal liberal o Derecho penal autoritario?, colección «El penalismo olvidado», traducción de Leonardo G. Brond, con Introducción y Revisión de Eugenio Raúl Zaffaroni, Buenos Aires, Ediar, 2011.

Mariano Ruiz Funes, Actualidad de la venganza. (Tres ensayos de Criminología), Buenos Aires, Losada, 1943.

Giuseppe Bettiol, El problema penal, traducción de José Luis Guzmán Dálbora y Prólogo de Manuel de Rivacoba y Rivacoba, Buenos Aires, Hammurabi, 1995.

Sergio Seminara, Il delitto tentato, Milano, Giuffrè, 2012.

Thomas Vormbaum, Einführung in die moderne Strafrechtsgeschichte, 2ª ed., Berlín, Springer, 2011.

Francisco Muñoz Conde, Edmund Mezger y el Derecho penal de su tiempo. Estudios sobre el Derecho penal del Nacionalsocialismo, Valencia, Tirant lo Blanch, 2002.

Eberhard Schmidt, Einführung in die Geschichte der deutschen Strafrechtspflege, 3ª ed., Göttingen, Vandenhoeck & Ruprecht, 1995.

Paul Éluard, En el «rendez-vous» alemán (1942-1945), en Obras escogidas, 3 vols., traducción, prólogo y notas de Marcelo Ravoni, Buenos Aires, Editorial Platina, 1962, t. III, pp. 127-147.

Thomas Vormbaum, Diritto e nazionalsocialismo. Due lezioni, Macerata, Edizioni Università di Macerata, 2013.

Jorge Carlos de Almeida Fonseca, Crimes de empreendimento e tentativa, Coimbra, Livraria Almedina, 1986.

ATUALIDADE DE ROLAND FREISLER

POR NILO BATISTA

I

Quando recebi de Raúl Zaffaroni a incumbencia de redigir urnas notas sobre um artigo no qual Roland Freisler concebia a tentativa aos moldes do direito penal nazista, a primeira coisa que me ocorreu foi perguntarme: por que Raúl nao se dirigiu a Francisco Muñoz Conde? Afinal de contas, o catedrático de Sevilha tem experiencia específica no setor, adquirida quando corajosa e argutamente desvelara as predilecoes políticas de Edmundo Mezger.

Logo percebi meu equívoco, e para ilustrá-lo recorro ao personagem de Machado de Assis que, tendo resolvido escrever suas memorias após o próprio óbito, explicava ao leitor nao ser «propriamente um autor defunto, mas um defunto autor». Ai está toda a diferenca: Mezger foi um jurista nazista enquanto Freisler foi um nazista jurista. A despeito das sombras que a suástica deixou em sua producáo (como a engenhosa contribuiijáo para a culpabilidade de autor), o nivel da dogmática mezgeriana é reconhecidamente elevado. Já Freisler foi, na abalizada opiniáo de William Shirer, «talvez o mais sinistro e sanguinario nazista no Terceiro Reich, depois de Heydrich».

O artigo sobre tentativa foi escrito por Freisler quando ele ocupava o cargo de segundo secretário-geral do Ministerio da Justina, do qual seria catapultado para a presidencia do famigerado Tribunal do Povo *(Volksgerichthof),* criado em 1934 especialmente para o julgamento de crimes políticos. Narra Ian Kershaw que Hitler ficara muito irritado com a pena «branda» (cinco anos de prisao) aplicada a um certo Ewald Schlitt, que agredirá e matara sua esposa num manicomio, insistindo com o ministro da Justica para que interviesse no assunto. Como este último procrastinasse sua intervencáo, seja pelos empecilhos legáis seja na esperanca de que o *Führer* esquecesse o assunto, Freisler foi acionado, e poucos dias depois a primeira sentenca estava anulada e urna segunda levou Schlitt á guilhotina.

Mas foi na presidencia do Tribunal Popular que Freisler esfor-cou-se por merecer o epíteto de sanguinario. Entre os casos mais emblemáticos destacamse dois. Na Universidade de Munique alguns estudantes e um professor ousaram, em fevereiro de 1943, distribuir um manifestó criticando a morte de centenas de milha-res de soldados alemáes em Stalingrado. Denunciados por um bedel, presos e torturados, seriam julgados em quatro dias pelo Tribunal do Povo; a estudante Sophie Scholl, que na tortura teve urna perna fraturada, foi guilhotinada, como seu irmáo Hans e outro colega, na mesma tarde do último dia do julgamento.

Mas onde o paroxismo punitivo de Freisler explodiu grotescamente foi no julgamento dos remanescentes da conspiracao e do frustrado atentado contra Hitler em 20 de julho de 1944. O *Führer* ordenara que todos deveriam ser enforcados (e nao fuzilados ou mesmo guilhotinados), a despeito da primeira leva de oito acusados incluir um marechal, tres generáis, tres oficiáis e um conde. Num assomo preventivista-geral, Goebbels determinara fosse o julgamento filmado para exibicáo as tropas (em lingua-gem de hoje, para reafirmar a vigencia da norma e estabilizar decepcoes); apreendido, tal filme seria exibido em Nuremberg, tendo entre os espectadores William Shirer. Freisler reprovava e insultava os acusados: «velho sujo» foi como se dirigiu ao marechal, a quem a Gestapo subtraíra a dentadura e fornecera roupas imundas e largas; «patifes», «traidores», «covardes» e «assassinos» foram outros prosónimos de que se valeu largamente. Parece que até alguns dos advogados dativos aderiram á acusacáo, tendo um deles admitido que seu defendente era mesmo um criminoso e merecia o pior castigo. A execugáo foi cruel, sendo os padecentes icados por arames presos em ganchos numa trave chumbada ao teto da sala, como num acougue. Parece que também a execugáo foi filmada, porém nao se descobriu jamáis a película.

No dia 3 de fevereiro de 1945, envergando sua toga vermelha, sentado á frente de um busto de Hitler, Roland Freisler presidia urna sessáo do Tribunal do Povo quando urna bomba caiu em plenário, encerrando a carreira do nazista jurista. O acusado daquela sessao, Schlabrendorff, sobreviveria ao tribunal e á bomba, porém só sobreviveu ao primeiro por causa da segunda. Poucos meses depois, o Exército Vermelho entraría em Berlim.

II

Podemos 1er o artigo de Freisler como um posicionamento dogmático ou como um manifestó político criminal, porém, embora ambas as perspectivas se condicionem e se realimentem teóricamente, o exame individualizado de cada urna délas parece mais proveitoso.

Conhecemos a longa tradicáo alema, doutrinaría e jurisprudencial, de urna fundamentacáo subjetivista da punibilidade da tentativa, tradicáo que se exprimiria no pós-finalismo particularmente no subjetivismo monista e em certas versóes do funcionalismo. Quais as especificidades do tosco subjetivismo nazista?

Freisler pretendía estabelecer um «conceito geral de empreendimento» que, no «direito penal do futuro», substituiría o conceito de acáo e tornaría «a distincáo entre tentativa e consumagáo sem importancia». O conceito de «empreendimento» *(Unternehmen)* se originara da alta traicáo (um delito que, se consumado, estaría impune - já que o traidor da véspera teria hoje o poder punitivo em suas máos) e sua disciplina se expandiu para alguns outros delitos. Estava o «empreendimento» definido no § 11,6 do código de 1871, lacónicamente: «empreender um fato: sua tentativa e sua consumagáo *(Unternehmen einer Tat: derem Versucb und deren Vollendung]»*. Nos delitos de empreendimento, portanto, a equivalencia entre tentativa e consumacao impediría qualquer mitigacáo obrigatória da pena quando o resultado se frustrasse. Muitas críticas se levantariam contra esta criagáo legal, que os projetos de reforma durante a república de Weimar haviam pretendido suprimir.

O projeto de código penal nazista de 1936, com o dedo de Freisler (citado na nota de rodapé n° 11, referente ao dispositivo sobre empreendimento) procurou «aperfeicoar» o conceito com a seguinte regra: «§ 8: Empreende um fato punível quem o inicia *(wer sie beginnt)*». O que seja «iniciar» um crime - afinal, a complexa indagacáo da teoría da tentativa - vinha esclarecido numa fórmula assustadora, também com Freisler citado no rodapé (nota 10): «§ 7° - (...) Inicio do fato é qualquer acao que, ainda que apenas segundo a representacao do autor sobre os fatos *(wenn auch nur nach der Vorstellung des Taters vom Sachverhalt)* se dirija imediatamente á realizacao do tipo». Com sabor de interpreta-cao auténtica, Freisler conclui que «apenas comecado o feito, o direito penal deve opor a seu autor a severidade de todas as suas cominagóes penáis». Já veremos as consequéncias dessa opiniáo para a tentativa inidónea.

Coerentemente com as linhas básicas do *Willenstrafrecht*, para Freisler «o decisivo para a intervencao penal do Estado é a vontade criminal ou a disposigáo para o fato do autor, e nao o resultado provocado por acao dessa vontade». Nao pode espantar que, para ele, o *iter criminis* tenha seu comego lá longe, no nebuloso manancial da vontade: na «tentacáo». Conectar o desejo - antes mesmo de qualquer decisáo do sujeito sobre os meios de realizá-lo - a um injusto é algo pré-moderno, que remete ao direito penitencial canónico.

A punibilidade da tentativa inidónea constituí, a partir de tais premissas, consequéncia inevitável. Depois que «o autor (...) começa a execucáo de um fato punível» - explicava Freisler a seus colegas - «passa a ser um inimigo da ordem pacífica popular», e a lei tem que intervir. Nesta passagem, ele agradece ao *Reichsgericht* ter mantido, a despeito da crítica doutrinária, o arraigado subjetivismo que em 1880 havia levado á condenacáo urna tentativa de abortamento com meios absolutamente inade-quados, e mais tarde chegaria a castigar a tentativa de homicidio exercida sobre um cadáver.

Na tentativa supersticiosa, na qual «a inutilidade dos meios alcanza o limite do ridículo», como «o povo reconhecerá que o meio empregado nao pode conduzir ao objetivo proposto por efeito de urna lei da natureza», em principio «apenas cabe o sorriso complacente». Este sorriso - que Freisler talvez tenha extraído de Hellmuth von Weber - nao perduraría, contudo, se perante «a magnitude da intensidade da vontade do autor fosse imaginável, com alta probabilidade, que verificada a inutilidade do meio empregado (o autor se premuniría) de outro idóneo». Ou seja, se o juiz, perante aquela mulher que zelosamente «ten-tou» matar o marido sacrificando á divindade um animal e outras oferendas, puder profetizar que mais dia menos día ela recorrerá á faca de cozinha, deverá condenála por tentativa de homicidio qualificado; e como empreende um fato punível quem o inicia, sendo decisivo para caracterizar o inicio a representacáo do autor sobre os fatos, ela sofreria afinal as penas do homicidio qualificado consumado.

Quanto ao delito imaginario, Freisler o tem por impunível, e podemos arriscar a afirmagao de ser esta a única unanimidade doutrinária em sede de tentativa: nem os nazistas conseguiram fundamentar sua punibilidade.

Os efeitos do arrependimento sao remetidos «ao âmbito da quantificagáo penal», interessando como «estado de ánimo», como «signo da menor permanencia da vontade criminal» que só excepcionalmente eximiría de pena quem «se houvesse esforcado com suas maiores potencias» para evitar o resultado; mas tanto a mitigacao quanto a isencao de pena constituirían! faculdade que o juiz poderia ou nao exercer, de olho na alma do acusado, em busca mais de um remorso sincero do que de um arrependimento eficaz.

Por fim, chama a atencáo que, tratando da individualizacáo da pena, Freisler invoque o magisterio de seu companheiro Dahm no sentido de que «a decisáo quantificadora da pena deve ser um juízo adequado á personalidade que o autor tenha manifestado». A lei penal brasileira arrola a «personalidade do agente» entre os elementos que deve o juiz consultar para estabelecer a pena-base, primeira etapa do procedimento de individualizacáo judicial. Isto, porém, tem sido urna fonte inesgotável de arbitrariedades, voluntarismos e preconceitos, pois, como a mais avanzada doutrina expóe, existe no elemento *personalidade* «ausencia de precisáo conceitual e carencia de urna metodología de análise» (Salo de Carvalho), tratando-se de «um conceito fluídico, nao tendo o aplicador sequer habilitacáo técnica para proferir juízo de natureza antropológica, médica, psicológica ou psiquiátrica» (Rodrigo Duque Estrada Roig). Para o direito penal da vontade, no entanto, urna culpabilidade de autor é quase um corolario inevitável.

III

Se o direito penal da vontade foi urna especie de caricatura dos inúmeros subjetivismos «respeitáveis» que o antecederam e o sucederam, a política criminal propugnada por Freisler repercute preocupantemente em formulagóes recentes e contemporáneas. É como se, a despeito da derrota do nazismo como projeto político, muitas de suas idéias houvessem sobrevivido e mesmo, a exemplo de tantos de seus partidarios, emigrado clandestinamente para outras paragens, inclusive para o continente americano. Examinemos algumas das concepcóes que Roland Freisler expós em seu artigo.

Para ele, o legislador penal tem que fazer urna escolha: ou ele responde «ao injusto ocorrido (...) em forma de daño», ou ele cria «um aparato continuamente operativo de auto-limpeza» do corpo social. Ai se coloca, com claridade, a opcao entre um direito penal do fato e um direito penal de autor. A «meta» do direito penal nazista nao se detém, portante, em «aniquilar o efetivo perturbador da paz» (o autor de um crime), mas ambiciona também aniquilar «o próprio tipo do perturbador da paz», identificado como «inimigo» (tanto quanto sua vontade é também urna «vontade inimiga»). Alias, talvez para revelar a profundidade de seu subjetivismo, Freisler nao deixa de registrar que «inimigo da ordem popular é, antes de tudo, quem cai em tentacao». *Paz* e *inimigo* - palavras que sugerem universos semánticos bem distintos - repetem-se e mesclamse compulsivamente no texto de Freisler. A metáfora do «agricultor previdente», utilizada por Inocencio VIII em 1484 para legitimar as atividades de Kramer e Sprenger e presente em tantos outros documentos inquisitoriais, é empregada com desenvoltura: o «direito do futuro» deve «extirpar o mal pela raiz», deve empreender a «erradicagáo de todas as forcas anárquicas», compreendendo que «o inimigo contra o qual luta o jardineiro está na raiz das ervas daninhas». Todos os perigos que a nocáo de «pureza» introduz, como desde Mary Douglas é fácil perceber, dinamizados por urna formidável concentracáo de poder punitivo, desaguaráo aqui num chocante genocidio.

Olhemos por um instante para hoje. O sistema penal adota o discurso bélico: ao lado da «guerra contra as drogas», urna sucessáo de «combates», de «hitas contra». Isso contamina outros setores: também na saúde se recorre ao «combate contra a dengue», e o mosquito que a transmite é chamado de «inimigo». Os partidarios do direito penal do inimigo olham para o outro lado, como se a evidente afinidade com o léxico nazista nao pudesse perturbá-los: eles gostam de dialogar com Hobbes, mas fingem ignorar Freisler. No Rio, a palavra «paz» está sendo inexoravelmente desmoralizada pelo programa das Unidades de Polícia Pacificadora, que compartilha algumas características com o modelo do «campo», que tanto deve ao nazismo, e tem origem no controle da peste, como se observa na descrigáo de Foucault: «Tratase nesses regulamentos relativos a peste de quadrilhar literalmente aos regióes, as cidades no interior das quais existe a peste, com urna regulamentacao indicando as pessoas quando podem sair, como, a que horas, o que devem fazer em casa, que tipo de alimentacao devem ter, proibindo-lhes este ou aquele tipo de contacto, obrigandoas a se apresentar a inspetores, a abrir a casa aos inspetores». Urna UPP é exatamente isto, com a diferenca de que ao invés de abrirem suas casas á inspecáo os moradores têm seus lares invadidos pela policia, autorizada por um mandado de busca domiciliar genérico que nao tem qualquer fundamento legal. Estado de excecáo em pílulas: o que diría Cari Schmitt dessa soberania judicial?

Voltemos ao artigo de Freisler. Embora muito claro seu com-promisso preventivo-geral - a lei «deve exercer um saudável efeito (...) sobre as pulsóes que predispóem o povo ao injusto» - ele nao dispensa o retribucionismo: afinal, «a culpabilidade exige expiacáo» e «a exigencia de expiacáo é vital para nos» (os nazistas). O funesto resultado é urna teoría combinatoria, na qual só nao haverá punicao quando esta «nao for requerida nem para expiacáo, nem por razóes de seguranca». A teoría combinatoria, que alias está inscrita no artigo

59 *in fine* do código penal bra-sileiro, converte a aplica<jáo da pena num jogo parecido com aquele do lobo e do cordeiro: faltando a necessidade preventiva, sempre subsistirá alguma exigencia retributiva; despicienda no caso a prevencáo geral, sempre restará algo para o *reset* social do condenado. A única coisa certa é a pena.

Outro ponto que chama a atencáo é a superposigáo entre direito e moral. Como a «tentacáo» é o ponto de partida do interesse penalístico, o direito tem que ter «como fundamento a ordem ética», tem que «estar enraizado na moral popular». Freisler transcreve duas passagens das «Diretrizes Nazistas para um novo direito penal alemáo» bem significativas: este novo direito «deve ser direito popular, originado da vontade do povo e extraído de sua alma»; «para o pensamento alemáo há coincidencia entre valoragáo ética, sentimento do dever e sentimento jurídico». É possível que livros de Fichte tenham sido lancados as fogueiras que consumiram literatura, arte e filosofía «degeneradas».

Mencionemos um dos trechos em que a atualidade do Roland Freisler é ainda mais evidente: a lei penal nao pode «esperar até que se produza a violacáo da ordem jurídica, ou seja, até que a execugáo tenha obtido éxito»; ao contrario, «exige-se urna intervencáo jurídico-penal contra a preparacao criminal». Aqui os defensores dos delitos-obstáculo, do perigo abstrato, da criminalizacáo de atos preparatorios e todas os demais expedientes que se poderiam reunir sob a rubrica de «antecipacao da tutela» encontrariam muita afinidade; aqui os velocistas do direito penal constatariam como a velocidade embriaga e mata. A flexibiliza-gáo de tipos legáis é também sustentada por Freisler, bem como a aplicagáo analógica da lei, esta última já entáo vigente.

Por fim, a categoría da «fidelidade» vinculava o cidadáo ao ordenamento jurídico, e convertía todo delito numa especie de traicáo, de infidelidade. (Relembre-se que, como Larenz deixou muito claro, «sujeito de direito só é quem for membro da comu-nidade do povo, e só é membro da comunidade do povo quem tem sangue alemáo».) Mas se existe no crime a quebra de um dever de fidelidade, então todo crime - como advertirá urna das Diretrizes - «é básicamente desonrante, afeta a honra indivisível do homem». E eis como um velho atributo da pena, a infama-gao, obtém na primeira metade do século XX urna improvável ressurreicáo e, mesmo após a derrota política do projeto que a ressuscitara, urna sobrevida nao apenas no senso comum, mas também em alguns redutos doutrinários e forenses. O juiz que insulta o réu que condenou é um prosélito de Roland Freisler, saiba-o ou nao.

As inúmeras afinidades ácima observadas entre a política criminal nazista e diversas propostas político-crimináis contemporáneas deviam inquietarnos. Há urnas similitudes preocupantes. A pena constituí um *a priori* indescartável, e sua fundamentacáo compraz-se na peticáo de principio: temos que punir porque, caso contrario, nao puniríamos. A criagáo publicitaria do estereotipo do inimigo é o passo previo: lá, «judeus» e «comunistas», aqui «traficantes» e «corruptos». O mesmo desprezo pelos principios do velho e bom direito penal liberal. Na sucessao de crises, urna única economia floresce, alheia ao turbilhao dos mercados, a maior empregadora, a industria do controle do crime. Juízes moralistas. Policía por todos os poros. Judicializagao do cotidiano. Criminalizagáo das manifestacóes. Para onde estamos indo?

Bibliografía (por ordem de entrada em cena)

Muñoz Conde, Francisco, Edmund Mezger e o Direito Penal de seu Tempo, trad. P. C. Busato, Rio, 2005, ed. L. Iuris; Machado de Assis, Memorias Postumas de Braz Cubas, cap. I; Shirer, William L., Ascensáo e Queda do III Reich, trad. L. G. Carvalho, Rio, 1967, ed. Civ. Bras., v. IV, pp. 130 e 200; Kershaw, Ian, Hitler, trad. P. M. Soares, S. Paulo, 2010, ed. Cia dos Livros, pp. 742, 776 e 883; Vormbaum, Thomas e Rentrop, Kathrin (orgs.) *Reform des Strafgesetzbuchs,* Berlim, 2008, ed. Berliner Wissenschafts; Weber, Hellmuth von, *Lineamientos del Derecho Penal Alemán,* trad. L. G. Brond, B. Aires, 2008, ed. Ediar, p. 85; Carvalho, Salo de, Penas e Medidas de Seguranca no Direito Penal Brasileiro, S. Paulo, 2013, ed. Saraiva, pp. 368 ss.; Duque Estrada Roig, Rodrigo, Aplicado da Pena, S. Paulo, 2013, ed. Saraiva, pp. 162 ss.; para a bula de Inocencio VIII, Kramer, Heinrich e Sprenger, James, O Martelo das Feiticeiras, trad. P. Fróes, Rio, 1991, ed. Rosa dos Ventos, pp. 43-46; Douglas, Mary, Pureza e Perigo, Trad. S. P. Silva, Lisboa, s/d, ed. 70; Foucault, Michel, Seguranca, Territorio, Populacáo, trad. E. Brandáo, S. Paulo, 2008, ed. M. Fontes, pp. 13-14; para a frase de Larenz, Fragoso, Christiano, Código criminal e código criminoso: subsidios e notas ao código penal nazista de 1936, em Pedrinha, Roberta Duboc e Fernandes, Marcia Adriana (orgs.), Escritos Transdisciplinares de Criminologia, Direito e Processo Penal, Rio, 2014, ed. Revan, pp. 211 ss).

DERECHO PENAL DE VOLUNTAD; TENTATIVA Y CONSUMACIÓN[1]

POR EL SECRETARIO DE ESTADO DR. FREISLER (MINISTERIO DE JUSTICIA DEL REICH)

Hoy en día existe una nueva concepción del mundo, enraizada en lo más íntimo y profundo del alma popular, que mediante la lucha consigue liderar al pueblo, habiendo logrado destruir la estructura que hasta tiempo reciente dominaba en el poder estatal sobre la Europa central alemana. En su lugar erigió el estado del pueblo alemán que creó un nuevo derecho penal; este presupone -ante todo- el valor y la fuerza necesarios para atreverse a confiar en el conocimiento profundo, con el objetivo de establecer algo nuevo, en reemplazo de lo que provenía de los tiempos de maridaje de la ley con el liberalismo burgués.

Por amorfos carriles paralelos, corrían en aquellas épocas el liberalismo burgués y el aparente colectivismo proletario. Surgió, pues, algo nuevo que no admite matices en cuanto al nuevo concepto del mundo nacionalsocialista y que plantea exigencias de pensamiento y acción por parte de los propios sectores populares, tanto en su contenido como en su comportamiento.

Por cierto que un derecho penal de esta naturaleza no pretende ni puede arrojar por la borda todo lo existente, tan solo por el hecho de haber existido. Por ende, semejante derecho penal no debe descuidar ni desaprovechar la experiencia que durante décadas han reunido la jurisprudencia penal y una ciencia que ha investigado con extraordinaria minuciosidad. No obstante, ese derecho penal -destinado a regir nuestro espíritu y el de nuestros hijos- debe, ante todo, constituir un claro y reconocible reflejo de la concepción del mundo nacionalsocialista. Animado por nuestro carácter, debe exhibir nuestro rostro, pues de otro modo estaría muerto antes de divisar la luz del mundo.

Enorme es, pues, la responsabilidad de quienes trabajan sobre este nuevo derecho penal. En muchísimos aspectos es mayor que la de quienes nos precedieron -durante décadas se esforzaron por la «reforma del derecho penal»-, puesto que nuestros predecesores no podían aspirar a obtener un derecho

1 Traducción de la parte pertinente de la obra colectiva «Das kommende deutsche Strafrecht. Allgemeine Teil. Bericht über die Arbeit der amtlichen Strafrechtskommission herausgegeben von Dr. Franz Gürtner» efectuada por los Dres. Eugenio Raúl Zaffaroni, Fernando Javier Arnedo, Andrea Bartos y Graciela Otano.

penal de una sola pieza, pleno de carácter y esencia, como un mojón en el desarrollo del derecho alemán.

En las décadas precedentes se padeció un trabajo insano, que partía de premisas totalmente diferentes, para dar forma a un derecho penal con objetivos que también eran dispares. Al emplear medios por completo distintos, se fijaban objetivos igualmente disímiles, tratando en general de obtener algo coherente, mediante un compromiso insustancial. Por otra parte, la múltiple cabalística de la democracia les privaba de responsabilidad, pues su naturaleza irresponsable no podía menos que impedir -como de hecho lo hizo- que su obra tuviese cualquier resultado positivo.

Quienes ahora trabajan al amparo de la conducción unitaria y decidida del hombre en el estado nacionalsocialista no padecen semejantes perturbaciones, toda vez que el Führer ha delegado en el ministro de justicia del Reich, en forma directa e inmediata, la dirección de la juridicidad en Alemania y, por ende, también, la tarea de renovación del derecho penal, lo que hace que se perciban las cosas desde el mismo punto de partida, alineándose conforme a los mismos objetivos. Al no estar sometidos a la tiranía del «número», que disuelve sus trabajos impidiendo su éxito, los consejeros son responsables del resultado en la conducción de los trabajos de las sesiones, que pueden y deben completar la obra. Con plena razón y derecho, no se alza frente a ellos ningún obstáculo para llevar adelante los presentes trabajos de reforma penal.

La comisión convocada por el ministro de justicia del Reich terminó la primera lectura de las bases generales de un derecho penal alemán, o sea, lo que en palabras más precisas es la parte general del código penal. De este modo se tomaron las decisiones fundamentales, esculpiendo la forma y el carácter de la obra.

Al mostrar las vigas maestras de la obra en elaboración, los juristas, los jueces, los doctrinarios, los abogados o quienes de cualquier otro modo toman parte en la vida del derecho, querrán formular sus críticas a los venideros métodos de la ciencia, asentados en la experiencia de la magistratura y del foro. En modo alguno sería válido que la obra en elaboración rechazase estas críticas.

No obstante, sería bueno que las críticas también tuviesen en cuenta que las teorías y disputas doctrinarias vinculadas al derecho penal vigente no fueron el punto de partida de la nueva obra ni de las decisiones y objetivos de los trabajos de renovación; que esta obra no debe ser juzgada desde la perspectiva de la pasada lucha de escuelas, sino a partir de sí misma; que deberá medirse conforme a los objetivos de la conducción popular nacionalsocialista. Sin olvidar estos objetivos, también debería tener presente que, como su logro está aún lejano, un salto brusco para su obtención podría resultar peligroso; que las experiencias cotidianas reiteradas a lo largo de décadas condicionan al ser humano; que si bien el nacionalsocialismo lo transforma, las anteriores experiencias no carecen por completo de valor, pues en ciertas condiciones son aprovechables; y finalmente, que se trata de una obra en elaboración, falta del pulimento necesario para que sus líneas puedan llegar a ser tan claras como el agua.

Lo antes señalado es válido en particular respecto del tema que ha recaído en mis manos, como resultado de los informes y conclusiones de la comisión de trabajo. El carácter de la decisión que haya de recaer en esta materia es determinante, puesto que en gran medida se refiere a una convicción de primordial influencia, por entero directamente vinculada a nuestra imagen del mundo, en lo que hace no solo a la formulación técnica externa, sino incluso a la determinación de la dirección y del contenido de todo el derecho penal.

Como cuestión fundamental del derecho penal, corresponde y es menester decidir la siguiente cuestión:

¿Quiere el estado responder con el derecho penal y su aplicación al injusto cometido, o sea, a una intervención humana en los bienes pacíficos de la vida popular en forma de daño, de lesión, de profanación de la paz del pueblo, o lo que ante todo quiere el pueblo es crear con su derecho penal y su aplicación un aparato continuamente operativo de autolimpieza de su propio cuerpo?

De este modo, la respuesta a la cuestión que aquí debe ser considerada dependerá de la decisión que se adopte acerca del objetivo del derecho penal, pero tampoco será posible adoptar una decisión a este respecto sin antes fijar la posición acerca de la necesidad de penar en general.

En lo que hace a esta última cuestión, nunca hubo dudas en la comisión ni entre sus miembros, puesto que no estaban contaminados por esa idea socialista y anarquista de la equivalencia de todas las manifestaciones humanas, que pretende reemplazar el concepto de lo bueno y lo malo, de lo justo e injusto, por el de «diferente».

Pero con respecto al objetivo del derecho penal, se hace necesario adoptar una decisión.

Ante todo, aparece en primer lugar como tarea del derecho penal, asegurar la existencia y potencia del pueblo alemán, su vida pacífica, su fuerza reproductiva y generadora tanto como la tranquilidad de su trabajo, frente a las agresiones provenientes de su propio interior. Dado que el derecho penal es en gran medida un derecho de lucha, el principal oponente que debe combatir es precisamente quien desde su propio interior amenace su existencia, su potencia y su paz. Este oponente no es únicamente quien en casos individuales agrede esta paz en forma efectiva, sino el que asume el tipo del perturbador de la paz, el que hace de la tendencia a lo asocial, anárquico, injusto -que en forma embrionaria existe en todo partícipe del pueblo- una disposición a realizarlo en su vida como principio, degenerándose a sí mismo como un perturbador de la paz.

De esta determinación del objetivo del derecho penal, se deriva la respuesta a la cuestión acerca de si solo debe ser una reacción al injusto producido, al daño causado, o si debe ser un aparato continuamente operativo de autolimpieza del cuerpo popular, imponiéndose la opción en el último sentido.

Y del reconocimiento del derecho penal como derecho de lucha se deduce que, obviamente, la meta de este derecho no es solo la de combatir al oponente, sino la de aniquilarlo, puesto que toda lucha se dirige a la victoria y no se satisface por sí misma.

Por consiguiente, el derecho penal debe esforzarse por aniquilar no solo a quien efectivamente haya perturbado la paz en casos concretos, sino al tipo mismo del perturbador de la paz, a quien en general sea en el seno del pueblo portador del principio asocial, para quitarle para siempre de encima a todo aquel que presente la característica de portador de este principio.

En las peores circunstancias externas de su existencia, el pueblo alemán ha debido sufrir la amarga experiencia de una lucha que solo se llevó adelante a medias, puesto que no hizo uso de todas las oportunidades y armas de lucha. También esta experiencia debe ser aquilatada por el derecho penal: por ende, debe aprovecharse toda ocasión para conducir al derecho penal a la victoria en la señalada lucha. En el futuro, cada caso concreto no solo debe aprovecharse para dar en la acción realmente anárquica, injusta, mala, sino también para dar con el tipo de portador del principio anárquico en el seno del pueblo, o sea, con todo aquel que estuviera dispuesto a un hecho análogo. Por ende, toda futura perturbación de la paz y todas las predisposiciones que se correspondan con ella deberán combatirse con la totalidad de las armas idóneas para la defensa.

Una vez establecido el reconocimiento de esta orientación, cabe preguntarse si desde la perspectiva de la lucha por la paz popular solo corresponde responder a la pregunta de dónde y quién es el enemigo.

Para una posición heroica ante la vida, como tarea y forma, tal como es la del nacionalsocialismo, no cabe preguntarse por la libertad de la voluntad, pues no cabe prestar oídos a quien alegue que no pudo hacer otra cosa, dado que en cualquier situación de la vida clama ¡Debo, quiero, puedo! Para el nacionalsocialismo este es el mundo dinámico de la voluntad, sea tanto para el bien como para el mal, para lo justo como para lo injusto, para el socialismo como para la anarquía.

Algo carente de voluntad puede ser un obstáculo, que si molesta debe apartarse del camino, pero amigo o enemigo solo puede serlo una voluntad. Por lo tanto, la voluntad del perturbador de la paz es enemiga, tanto si proviene de quien la haya efectivizado concretamente como en general de quien en el seno del pueblo es portador del principio antisocialista, y el derecho penal debe mirar hacia ella, procurando aniquilarla mediante su lucha.

Al establecer como objetivo el aseguramiento del pueblo, reconociendo que el derecho penal tiene a su cargo una tarea de lucha, con la voluntad de conducirla hasta la victoria mediante la reacción adecuada frente al enemigo, se impone -también para la comisión de trabajo- el lema

¡Derecho penal de voluntad!

A título de importante observación, se hace necesario resaltar que solo se puede hablar de derecho penal de voluntad en el campo de las perturbaciones a la paz que se hayan realizado conscientemente, y no en el ámbito de las que tengan por fundamento una negligencia o descuido.

Pero si no se quiere limitar la configuración del derecho penal a solo el manejo unilateral de un objetivo práctico-jurídico y, por ende, ignorar los valores y las fuerzas irracionales existentes en el pueblo, no será posible pasar por alto que el derecho penal tiene también otro sentido, que es el de la expiación.

¡La culpabilidad exige expiación! Conforme a la concepción alemana, a través de sus heridas abiertas, sangrantes, el hombre clama venganza, y su íntima justificación se halla en los alaridos que piden expiación, la expiación que exige la culpabilidad de Edipo, de los Nibelungos y de cualquier culpabilidad.

Para no correr el riesgo de ser mal entendido, es preciso aclarar que la venganza que aquí se sostiene, en el sentido del derecho penal, es aquella cuyo núcleo se halla enraizado con la expiación. Para nosotros, alemanes, este llamado es tan viejo como nuestro pueblo, pues no se trata de un resabio atávico, sino de una fuerza viviente, que seguirá resonando en el futuro, mientras exista un pueblo alemán. Culpabilidad y expiación están para nosotros íntimamente vinculados y recíprocamente condicionados. Esto no se puede fundamentar conforme al entendimiento ni tampoco es necesario hacerlo filosóficamente, porque la exigencia de expiación es vital en nosotros. ¡Y con eso basta!

También el derecho penal sirve a esta exigencia de expiación, que se corresponde con una profunda demanda de limpieza y justicia.

De toda forma, es posible que, en base a la exigencia de expiación, en algunas ocasiones -no siempre- se plantee la cuestión de relacionar el grado de la pena con el mal provocado. Esto se percibe con claridad cuando el pueblo, a igual culpabilidad, en unos casos no haga nada con su derecho penal, en tanto que en otros responda muy gravemente, atendiendo al resultado, como sucede en los delitos culposos, según que la negligencia aniquile una vida humana o que no suceda nada. Pero no por esto debe enturbiarse la visión, porque en este caso lo esencial no es el resultado, sino que quizá se trata de una forma de exigencia de venganza privilegiada.

En lo fundamental, en cualquier caso, la expiación y la culpabilidad se ligan y -en atención al grado de expiación- es imposible imaginar la retribución a un acto sin culpabilidad, regla que proviene de conciencia de unos viejos hermanos arios: los griegos. Culpabilidad y expiación se reclaman, escribió el poeta de otro pueblo ario; para nuestros padres el acto criminal exige expiación, porque el hecho impune no produce la paz del derecho.

El vínculo no se establece entre el hecho y la expiación y menos aún entre el resultado del hecho y la expiación, sino entre la culpabilidad y la expiación, de lo que surge que para nuestro sentimiento ético no es solución establecer la relación solo cuando se completa la consumación.

La culpabilidad, pues, se imputa a la voluntad, salvo en los casos de negligencia. Por ende, también la exigencia de expiación que debe satisfacer el derecho penal exige el derecho penal de voluntad.

Sería parcial -y por ende falso- olvidar que el derecho penal no pretende limitarse a un arma contra las fuerzas antisocialistas operantes en el pueblo, como que tampoco quiere agotar su objetivo en la satisfacción de las demandas de expiación ante los injustos culpables, sino que, además, debe ejercer un saludable efecto socialista sobre las pulsiones que en el pueblo predisponen al injusto.

Es menester que el portador de las ideas que dominan y determinan la vida popular sepa que el orden político que el mismo pueblo se ha dado responde a las demandas socialistas de la comunidad popular, que se vincula con esas ideas para lograr su realización en la vida.

Después de que -como consecuencia de lo acontecido entre los años 1918 y 1932- perdieron todo crédito las llamadas constituciones, leyes fundamentales y programas, quizá sean tres los órdenes jurídicos que en primer término se muestran como adecuados para fomentar, en la parte sana del pueblo, la íntima conciencia que urge demandar para mantener la actitud de lucha y la certeza de la victoria: el derecho al suelo (por sobre todo el derecho agrario), el derecho del trabajo y el derecho penal.

Los dos primeros ámbitos del derecho que acabamos de mencionar son los adecuados para dar a los partícipes del pueblo la certeza de que el orden jurídico estatal popular es un orden comunitario socialista, en tanto que el derecho penal le proporciona a la parte sana del pueblo la imagen espejada negativa del orden ético que está vivo en él.

Se ha discutido mucho acerca de la relación entre el derecho y el orden ético. No es objeto de estas líneas la discusión sobre los diversos puntos de vista allí sostenidos, pues de todas maneras es obvio que para el nacionalsocialismo no puede haber contradicción entre el orden ético reconocido popularmente y sus correspondientes exigencias y el orden jurídico. Las normas jurídicas prohibitivas deben abarcar todo lo que represente una forma de disposición a la subestimación o al desprecio de las máximas prohibiciones del estado, de lo que se desprende que el derecho penal -si bien en un plano menor- debe ser un reflejo del orden ético.

El orden ético reclama la voluntad del ser humano para el plan, convoca a la lucha contra el mayor enemigo del humano, que es su propio yo, exige que esta lucha se lleve a cabo ya en el ámbito del pensamiento.

De lo expresado resulta con claridad que la imagen espejada negativa del orden ético popular -el derecho penal- también debe dirigirse a la voluntad, operar sobre esta, empeñándose en combatir la voluntad enemiga del mandato de orden de paz. Debe dirigir por completo su mirada a ella, como condición para satisfacer su ulterior objetivo, o sea, para brindarle al sano núcleo popular socialista establecido la seguridad de que la conducción popular del estado vigila la conservación del orden ético.

Por lo tanto, cada uno de los tres objetivos del derecho penal (el aniquilamiento de las fuerzas perturbadoras de la paz, la expiación del injusto culpable y el pilar psíquico de la disposición a la lucha del núcleo popular sano) brinda el sustento para que el derecho penal sea el instrumento de lucha contra la voluntad perturbadora, por lo que en este sentido ha de ser construido como derecho penal de voluntad. En consecuencia, debe ser penada la voluntad del autor y no el hecho.

Esto tampoco significa que una voluntad realizadora de cualquier hecho sea penada de modo análogo a como se concibe la punición de un hecho, entendida, desde lo humano, como el sometimiento a pena de todo acontecimiento, con independencia de la conducta determinada por la voluntad.

El derecho penal de voluntad, tal como lo concibe la comisión y como base del derecho penal del porvenir, no implica una ampliación de las necesidades y posibilidades de punición. De producirse esto, se deberá más bien a una serie de otros aspectos del derecho penal del porvenir, en especial de la medida en que este requiera la activación de la voluntad o, dicho de otro modo, de cuál sea el punto del camino del pensamiento dirigido a un resultado hasta el cual el derecho penal del porvenir quiera alcanzar al autor contraponiéndole su amenaza.

La crítica que afirma que el derecho penal de voluntad importa una ampliación inadmisible de la red de conminaciones penales y reduce del mismo modo las pulsiones sanas de actuación no solo es falsa, porque el derecho penal no se dirige en general contra esas pulsiones, sino que es directamente insustancial, dado que no se dirige contra el derecho penal de voluntad en el sentido en que se lo concibe aquí. Me parece que esta crítica está consciente o inconscientemente influida por la idea de que este derecho penal de voluntad se aproxima al derecho penal de disposición interna, en el cual la exteriorización de la voluntad -dicho con cierta exageración- solo constituye una prueba necesaria de la disposición interna que subyace a la decisión de voluntad, y que solo quiere penar la voluntad o la disposición interna. En realidad, el derecho penal del porvenir se mantiene conscientemente lejos de esas ideas.

El derecho penal de voluntad, en sí mismo, no «importa» ampliación de punibilidad alguna, sino que más bien representa el derrotero del derecho penal. Proporciona al configurador del derecho penal del porvenir -que administrará justicia en razón del derecho penal en desarrollo- y luego a este, la guía que le señale el camino que nunca deberá olvidar en su tarea; y ofrece tanto a doctrinarios como a estudiantes del derecho una fuente de conocimiento del espíritu con que el derecho penal ha sido concebido y a partir del cual se lo deberá comprender y aplicar.

Por el contrario, un derecho penal que estuviese dominado por la pregunta acerca de cuáles serían las violaciones al orden jurídico a las que debería responder con sanciones penales reforzadoras del desvalor no se correspondería con ninguno de los tres objetivos principales del derecho penal. Estaría vinculado a la quiebra del orden jurídico, a un resultado, a un acontecimiento externo, aun cuando -seguramente- también le podría dar cierta importancia a la voluntad del autor. Pero el punto de partida de semejante derecho penal sería el hecho, concebido como punto de partida y no como mero punto de enlace, determinando de este modo la dirección y el espíritu de ese derecho penal, lo cual, en opinión de la comisión de trabajo, sería una decisión errónea.

En semejante concepción, el objetivo de seguridad del derecho penal no podría alcanzarse ni siquiera en el modesto ámbito de la pura seguridad. Debería esperar hasta que se produzca la quiebra del orden jurídico, o sea, hasta que la ejecución del delito hubiera tenido éxito. En tal caso, la seguridad de los entes amenazados por la agresión antisocial exitosa ya no existiría. Solo puede asegurarse lo que es amenazado; cuando la agresión ha tenido éxito, la amenaza ha cesado y en su lugar hay aniquilamiento. Por ende, el aseguramiento como reacción contra el hecho criminal ya ejecutado solo tendrá efecto sobre el autor, en miras al futuro, en cuanto a su disposición, que, para otro hecho, tendría sobre él la imagen de la pena.

Semejante derecho penal se limita a una defensa, sin pensar que la agresión es la más segura de las defensas.

Y no reconoce correctamente al oponente. Se dirige contra el efecto de la voluntad activa del antisocialista en el cuerpo del pueblo. No percibe que este efecto no es el enemigo, que ni siquiera es el medio, el arma de lucha que aun tendría sentido arrancar de la mano del antisocialista, que se trata solo de un «efecto» que tiene lugar en el desarrollo del acontecimiento conforme a una ley natural, que es la ley de la causalidad. Semejante derecho penal pasa por alto que aun en ese caso es bien posible reparar, pero que esa no es una cuestión del derecho penal, que no tiene nada que ver con la reparación, que corresponderá -según el caso- al médico, al juez civil o al oficial de justicia. Este derecho penal confunde el hospital de campaña con la línea de batalla; olvida que el enemigo contra el que lucha el jardinero está en la raíz de la maleza y no en la mala hierba que ha expandido sus semillas.

Por todas estas razones, un derecho penal construido sobre el hecho consumado no alcanza para proveer seguridad en su forma primaria. En general, no se podría pensar en exigirle que cumpla una función de seguridad, en el alto sentido de una limpieza permanente del cuerpo popular.

Por cierto, tampoco se puede desconocer que la ejecución exitosa de este continuo proceso de limpieza no puede ser obra exclusiva del derecho penal de voluntad. La educación nacionalsocialista y el trabajo social serán los que eliminarán la base de alimentación de la voluntad antisocialista. ¡Pero a esta tarea ayudará un derecho penal de voluntad y no un derecho penal de hecho!

En el derecho penal debe quedar clara la confrontación siguiente entre:

- la energía socialista corporizada en el estado nacionalsocialista;
- y la energía antisocialista, corporizada en los portadores de la disposición al hecho maligno, injusto, antisocialista, anárquico.

Un estado que confía en la fuerza para extirpar de raíz el mal -la amenaza permanente a la paz popular- debe reconocer esta confrontación y darle expresión con su derecho penal, configurándolo como derecho penal de voluntad.

Un derecho penal de esta naturaleza habrá de plantearse la pregunta sobre el momento y el ámbito en que debe atacar al oponente cuya voluntad estuviese dispuesta a la violación del derecho.

El camino que recorren las fuerzas antisocialistas pasa por las siguientes etapas:

Tentación, decisión de voluntad, preparación, comienzo de ejecución, ejecución hasta la producción del resultado, aseguramiento del resultado.

El tiempo que requiere cada uno de estos pasos puede ser muy diferente. Y la permanencia del autor en cada una de estas etapas también puede ser diferente. También es posible que el autor no sea consciente de cada uno de estos momentos del camino, lo que no tiene importancia mientras recorre todas estas fases, con tal que se trate de la ejecución del hecho con conciencia del actuar.

La respuesta -correcta o incorrecta- a la pregunta táctica acerca del lugar de este camino en que el derecho penal debe conminar punitivamente al autor dependerá de que el número de logros individuales de las fuerzas antisocialistas generadas en la vida popular, en su conjunto, haya tenido la posibilidad de obtener el triunfo de lo antisocialista, del caos, o bien de que, por el contrario, se haya llegado al triunfo total de lo socialista, es decir, de la erradicación de todas las fuerzas anárquicas, o también, de que se haya producido un cierto estado de equilibrio entre ambas fuerzas encontradas.

Hasta ahora, el derecho penal ha respondido a esta pregunta, en sustancia, de la siguiente manera:

Fundamentalmente, interviene cuando la voluntad criminal individual ha transitado hasta obtener el resultado de sus esfuerzos; una previa intervención, en principio, da lugar a una excepción, lo que por lo general sucede en la práctica en las violaciones más graves contra el orden pacífico, en función de la cláusula general del parágrafo 43° del código penal; en los delitos de mediana gravedad, es decir, en la masa de acontecimientos criminales importantes, antes de la consumación, solo interviene el derecho penal cuando por lo menos ha comenzado la ejecución del hecho criminal y cuando la ley expresamente haya previsto esta intervención; fuera de esto, sobre las acciones preparatorias, solo lo hace cuando la ley expresamente las haya previsto para crímenes de determinada clase.

Y al respecto existe, por dos vías de limitación y estrechamiento, lo que podría llamarse una Carta Magna de la criminalidad:

1. el principio de que solo puede proceder una punición cuando preexistan los caracteres típicos de la consumación o de la tentativa del hecho punible establecidos en la ley; y

2. el mandato dirigido al juez, para que cuando el autor no haya llegado a la consumación, sino que, siendo indiferente la razón, se haya debido detener en la tentativa, en cualquier circunstancia, opte por un medio de expiación y seguridad más débil que el que hubiese sido adecuado al hecho consumado.

No se dice que esto último solo tiene importancia teórica, pues el juez está legalmente habilitado para llegar casi a la pena que en el respectivo ámbito jurídico hubiese sido adecuada al hecho consumado. De la orientación básica de regulaciones maduras no emerge solo un significado teórico, puesto que determinan el espíritu de la aplicación del derecho.

Quien tenga entrenamiento de soldado y conciba la voluntad como la fuerza motora en la vida y en la historia habrá de responder a la pregunta táctica acerca del momento adecuado para la intervención y de la fuerza elegida para esta diciendo: «lo antes posible y con todo el poder».

Conforme a lo expuesto, no es difícil elegir el punto del camino que sigue la agresión criminal en que deba hacer su entrada la reacción jurídico-penal.

A este respecto debe primar la idea de que el surgimiento de la tentación en el futuro autor no puede conducir aún a una intervención jurídico-penal. La tentación puede dirigirse a algo; lo susceptible de intervención se halla en el algo; porque enemigo del orden popular es, básicamente, quien cae en la tentación. La lucha contra la tentación es materia de la configuración socialista de la vida y de la educación del pueblo, pero no del derecho penal. Aun cuando el derecho quiera abarcar el pensamiento humano, el derecho penal no es la espada universal de la moral, lo que no quiere decir que el derecho - y por ende, también el derecho penal- no tengan en general como fundamento el orden ético. El derecho penal no pena la tentación ni la disposición interna, sino recién la conducta frente a la tentación.

Esta conducta del portador de la voluntad frente a la tentación recién cobra un acento antisocialista, cuando desemboca en la decisión de cometer un hecho desvalorado por el orden vital popular. Y, por cierto, un derecho penal razonable tampoco puede pensar en intervenir en ese momento con conminaciones penales. Mientras el que haya adoptado semejante decisión funesta no la exprese de algún modo, es imposible cualquier punición, no solo por las normales dificultades de prueba, sino porque no puede cuestionarse, debido a que queda completamente en el dominio de su ámbito de voluntad la posibilidad de cambiar de decisión, sin que por ello en modo alguno haya intervenido contrariando o perturbando el curso de la vida popular. Correctamente visto, quien se ha decidido por la acción prohibida, no es aún un enemigo del orden vital del pueblo, sino que apenas se prepara para volverse enemigo.

Y esto es también sustancialmente válido cuando el autor se arma para el hecho, o sea, cuando emprende acciones que en sí son neutrales, que, en cualquier caso -también en relación con el contenido de la decisión adoptada-, no signifiquen su ingreso en el estado de la ejecución del hecho prohibido, sino que en relación con esa decisión constituyan una preparación. El que se arma no es aún enemigo, por lo que no podría ser aprehendido por el derecho penal.

No obstante, es posible que haya casos en que esta preparación signifique ya una puesta en peligro de la paz popular, o bien que se dirija a un hecho que en sí mismo implique un peligro de esta naturaleza para la totalidad del pueblo. En tal caso el pueblo podrá decidir, con ayuda de su derecho penal, dirigir una razonable lucha preventiva contra quien se hubiera decidido al hecho, en razón de su carácter de portador de esta voluntad asocial preparatoria. Una intervención jurídico-penal contra la preparación criminal habrá de ser especialmente exigible en los casos en que el objetivo último de la acción preparatoria sea la destrucción del orden popular fundamental, puesto que de tener éxito el crimen, ya no sería posible una sanción penal, dado que el resultado prácticamente importaría su legalización. Pero estos son casos especiales, que la ley penal puede regular expresamente mediante normas también especiales. En esta medida podría, pues, conservarse el sistema del vigente derecho penal, aunque conforme a la esencia del estado nacionalsocialista se reconocerá esta exigencia en mayor número de casos que en el estado actual, típicamente indeterminado, concebido en forma neutral. Esto obedece a que, conforme a la perspectiva nacionalsocialista, las agresiones a la totalidad del pueblo deben ser más fuertemente desvaloradas que en el estado actual, pues el nacionalsocialismo considera a cada individuo como parte del pueblo y portador de sus fundamentos y objetivos vitales, siendo la protección de la paz popular, así como de su lucha, una de las más elementales e importantes tareas de la conducción popular.

Pero cuando el portador de una voluntad ya decidida al hecho comenzase la ejecución misma, no existirá solo un peligro en razón de su decisión, ni por haber ido más adelante hasta la preparación, quedando listo para el hecho, sino que ya será un enemigo activo del pueblo y de su orden vital. Cuando de esta manera haya desatado la lucha, enfrentarlo con todos los medios del derecho no será solo un derecho inalienable del pueblo, sino su obvio deber. Simultáneamente con el comienzo de ejecución, el derecho penal debe enfrentar al autor con sus amenazas penales.

Si bien hasta ahora esto se considera de un modo diferente, el «resultado» del derecho penal vigente demuestra que se trata de un error.

Con frecuencia se critica este criterio con el argumento de que precisamente el estado más fuerte, el nacionalsocialista, no tiene necesidad de operar en esta etapa con la espada del derecho penal. Pregunto solo lo siguiente: ¿Habrá habido alguna vez un general de un estado fuerte que le haya propuesto al jefe de estado dejarle al agresor débil la provincia fronteriza sin luchar, en razón de ser suficientemente fuerte como para combatirlo más tarde? ¿No está acaso la respuesta implícita en la pregunta?

Cuando el derecho penal del porvenir quiera encarar en esta materia la lucha capital contra la voluntad criminal del agresor enemigo del pueblo, habrá de distinguirse considerablemente del derecho penal actual, que solo en forma excepcional se le opone al autor en este momento.

En este aspecto se introducirá una ampliación de la esfera de punibilidad, pero únicamente en lo que hace a una limitación actual insalubre.

Sería por completo incorrecto extraer de esto la conclusión de que el derecho penal del porvenir somete a amenaza penal toda conducta peligrosa, o que importa: 1° un desconocimiento del concepto del derecho penal de peligrosidad, de la manera en que es empleado en el memorial del ministerio de justicia prusiano; 2° un desconocimiento de la relación del derecho penal de peligrosidad con el de voluntad; y 3° un desconocimiento del derecho penal de voluntad tal como la comisión de trabajo lo ha tomado como base para la construcción del derecho penal del porvenir.

Naturalmente, lo anterior no excluye que en algunos casos el ámbito de la punibilidad se reduzca. En general, el derecho penal alemán del porvenir no se ocupa de las contravenciones. De considerarse las contravenciones en el derecho penal general del porvenir, con seguridad que se darían casos en que los límites del ámbito de punibilidad no abarcarían el comienzo de ejecución del hecho. ¡No se dispara con cañones a los gorriones!

Pero incluso fuera del campo de las contravenciones, habrá casos en que no resulta adecuado equiparar el comienzo de ejecución con la consumación del hecho. Pensemos, por ejemplo, en la lesión corporal simple, en la injuria simple, en el adulterio y similares. En estos casos el derecho penal del porvenir debiera declarar expresamente que la punibilidad solo se proyecta sobre la ejecución completa.

Resuelta de este modo la pregunta acerca de dónde se debe establecer la línea de defensa activa del estado frente a los elementos negativos o amenazantes para el orden, queda por responder una cuestión de adecuación técnica, acerca del modo en que esta decisión legislativa debería ser consagrada como expresión legal. Esto se puede hacer en la forma en que lo propuso el memorial del ministerio de justicia prusiano en 1933, que estableció un concepto general de emprendimiento y vinculó las consecuencias penales a este emprendimiento, aunque también se puede proceder de otro modo. Y si se adoptase la vía técnica del memorial del ministerio prusiano, aún nada se dice acerca de si los tipos penales particulares de la parte especial del código se debieran construir sobre el concepto de emprendimiento o, si se prefiere, que el límite de la punibilidad recaiga sobre la quiebra consumada del orden jurídico y se extiendan los tipos mediante una cláusula en la parte general del código. Para decidir esta cuestión de mera adecuación, serán determinantes varias consideraciones, tales como la mayor o menor plasticidad y comprensión popular de los tipos penales, la legibilidad más fluida o más difícil de la ley u otras.

Si se quisiera proceder también en forma técnica, el contenido del hecho penal del derecho penal alemán del porvenir podría demarcarse por lo regular donde lo hace hasta ahora la tentativa. De este modo, en el futuro la diferencia entre la tentativa y la consumación perdería importancia y sería reemplazada por la distinción entre la preparación y la consumación del hecho.

Por supuesto que esto solo será válido si el derecho penal del porvenir continuase reconociendo el principio de que ya desde el comienzo de ejecución deben dirigirse contra el autor todas las armas del derecho penal con completo rigor: penas, medidas de seguridad y médicas. Así resulta de lo decidido en las sesiones de la comisión de trabajo.

Un derecho penal de voluntad de tal naturaleza, ligado a semejante fijación de los límites del ámbito de punibilidad, de ningún modo significa que no se hayan de tomar en cuenta:

- la posible intensidad más fuerte o más débil de la voluntad para alcanzar o no alcanzar el objetivo del hecho propuesto;
- la forma en que la voluntad se manifestó, su crueldad, impiedad o semejantes;
- los estímulos más fuertes o más débiles que operaron sobre el autor;
- la mayor o menor impetuosidad de la lucha que haya tenido lugar en el fuero interno del autor, el grado de su resistencia interior;
- - su conducta posterior, su esfuerzo para reparar o incluso para, ante la proximidad, impedir la producción del resultado buscado.

Un derecho penal de voluntad de esta naturaleza, con esa limitación del ámbito de punibilidad, solo importa la directiva dirigida al juez para que tome en cuenta todos estos momentos (y otros diferentes) para cuantificar la pena. A este respecto opina con razón von Gemmingen (JW, 1933, p. 2373) que el acento sobre la voluntad pone de manifiesto el cambio de una posición sistemática hacia otra, que hace que el sistema coloque a la voluntad como determinante del tipo, mientras que la peligrosidad (y otros criterios paralelos parecidos) solo cobra relevancia recién con la cuantificación penal. En la cuantificación de la pena, el juez debe tener en cuenta todos ellos, puesto que «la decisión cuantificadora de la pena debe ser un juicio adecuado a la personalidad que el autor haya puesto de manifiesto» (Dahm, *Deutsches Strafrecht*, 1934, p. 95).

La actividad judicial orientada al efectivo cumplimiento de la función del derecho penal en la vida popular deberá ser mucho más determinante que en el presente. Precisamente, en un derecho penal de voluntad, se requiere una correcta valoración de la personalidad del autor por parte del juez que cuantifica la pena. Por eso, el derecho penal del porvenir le otorga al juez una mayor libertad para la valoración de la personalidad del autor. Marcos de pena amplios, flexibilización de los tipos penales, posibilidad de tratar por igual o diferenciadamente las distintas clases de participantes, habilitación de la aplicación analógica de la ley penal, y otros más, son elementos que dan lugar a una ampliación de la libertad de valoración y, simultáneamente, a un aumento de la responsabilidad del juez.

Si se toma en consideración al derecho penal de voluntad como a la referida delimitación del ámbito de lo punible, tanto globalmente como en sus aspectos particulares, resulta que ambos representan una sabia acción del legislador, que se limita a hacer lo único que es capaz de hacer, al tiempo que evita caer en el defecto de colocar al juez en el lugar del legislador.

Si bien todas las consideraciones anteriores son de primordial importancia en la reflexión cuantificadora del juez para la valoración del autor y la consiguiente determinación en cada caso particular de la extensión requerida, tanto para la defensa como para la expiación, todo esto irrelevante para la cuestión planteada al legislador, acerca de la extensión con que *en general* haya que alambrar, en la línea de la defensa penal estatal, la aparición de tal voluntad del autor.

Con esto no se quiere decir que detenerse en la voluntad expresada en el comienzo de ejecución signifique excluir una consideración individual, puesto que esto no se compadece con la caracterización del legislador ni con la valoración que el legislador del derecho penal del porvenir espera del proceder del juez. Por el contrario, si se cierra el grifo sobre la voluntad del autor, se lo hace precisamente para destruir o incluso impedir la actividad de la voluntad individual antisocialista. El derecho penal del porvenir no habrá de detenerse en esta voluntad individual para asegurar su libre actividad frente a la totalidad del pueblo y sus intereses, sino para retenerla dentro de sus límites y poder centrar su atención ante las leyes vitales del pueblo.

La tarea que se delega en el juez, en el marco de las consideraciones sobre cuantificación de la pena, es con el objeto de que encuentre y exprese una adecuada imagen de la personalidad del autor, para determinar la forma y la cantidad correctas de las medidas de defensa y expiación, y en modo alguno será entendida como una benévola comprensión que diese entrada a las debilidades de la personalidad del autor, a su ineptitud interna, a la influencia externa, etc., en un sentido casi complaciente, con el objeto de no prescindir de nada que de algún modo pudiera describirse en beneficio del autor.

Un derecho penal que al autor que intente disculparse alegando una real o supuesta ineptitud le responda «Tú puedes, por ende, tú debes», verá en esa ineptitud individual la necesidad de una autoeducación más rigurosa, pero no considerará que disculpa las conductas indisciplinadas contra la paz popular y su orden.

Respecto de las causas de exculpación que el autor pudiera alegar, el derecho penal del porvenir deberá posicionarse impidiendo que la mayor libertad de valoración que se le garantiza al juez dé lugar a ese derecho penal de autor, que en el último tiempo de decadencia fue tan sonoramente publicitado, y que prácticamente permanece activo hasta el presente en el fondo del derecho penal; ese derecho penal que siempre y por todas partes se ha esforzado por comprender al autor como víctima de la disposición y del medio, que con demasiada superficialidad cae en el error del «todo se comprende y todo se disculpa»; ese derecho penal que, en la legislación, en la jurisprudencia y en la ejecución, con demasiada frecuencia olvidó e hizo olvidar al interesado lo que debe ser un derecho penal. Semejante derecho penal de autor -establecido en forma puramente individualista- sería lo contrario al derecho penal de voluntad que debe introducir la ley penal del porvenir.

Un derecho penal de voluntad y el antes señalado modo de delimitar el ámbito de punibilidad -como se ha hecho notar en relación con otros temas- no importan que el estado deba intervenir en cualquier caso en el momento en que la voluntad criminal del individuo comience la ejecución de la acción a que este se haya decidido. Cuando se dejan de lado las consecuencias claras de las líneas lógicas, no hay problema alguno en explicar esto, porque a este respecto no entra en juego un principio que es capaz de traicionarse u observarse fielmente, sino que, como quedó antes claramente expuesto, se trata de una cuestión táctica, cuya respuesta está simplemente condicionada por la visión del mundo, que en sí misma es una cuestión de adecuación al fin (el activista estará siempre inclinado por responder a las cuestiones tácticas en sentido activista, agresivo). En esto no hay un principio lógico que deba realizarse consecuentemente conforme a una voluntad lógica. La lógica no es un fin en sí mismo, sino un medio de conocimiento. En las cuestiones de adecuación a fines, la ejecución lógicamente consecuente hasta sus más extremas derivaciones puede conducir a un resultado inadecuado al objetivo. En materia de cuestiones tácticas no se trata de la derivación de consecuencias abstractamente necesarias, pues la verdad vital del nacionalsocialismo no admite el reproche de la inconsecuencia lógica, sino que para este solo puede tener peso el reproche de inadecuación al fin.

Ya se ha considerado que, en general, no parece concebible un emprendimiento punible, por ejemplo, de una lesión a la salud, al cuerpo o al honor, que no represente una puesta en peligro, o el de un adulterio (quizá un pestañeo seductor). Pero incluso hay casos en que puede no parecer adecuado intervenir penalmente contra el que hubiere comenzado la ejecución cuando, por cualquier razón, no podría alcanzar el resultado, porque hay supuestos en que la intervención no se requiere para expiación ni tampoco por razones de seguridad. También en estos casos el derecho penal del porvenir debe ser previsor, puesto que un derecho penal que quiera ser activista en igual medida debe protegerse frente a una posible expansión que solo sería idónea para desacreditar al propio derecho penal activista. Quizá, el medio más adecuado para protegerlo de una posible expansión sea la mayor flexibilidad de los principios que obligan al ministerio público a dar curso a un proceso cuando tenga noticia de un hecho penal. De todas formas, determinar cuándo un caso particular requiere el apartamiento de la regulación general no es cuestión del legislador, sino de quien tenga a su cargo la función de trabajar en el caso concreto.

De cualquier manera, debe insistirse en que, cuando se requiera una intervención -lo que por regla general tendrá lugar cuando se haya superado el umbral de comienzo de ejecución-, el estado, mediante el derecho penal, debe oponerle al autor una inexorable y enérgica voz de alto.

Por otra parte, para el caso en que se produjere un daño especial de cualquier naturaleza, que diese lugar a un elemental y fuerte reclamo de expiación que el marco legal de cuantificación penal previsto para el hecho emprendido no alcance para tomarlo en consideración, la regla antes señalada en modo alguno impide que el legislador imparta al juez un mandato legal conforme a un especial marco legal agravado. Sin embargo, opina Klee *(Deutsches Strafrecht,* 1934, p. 116) que «*de lege ferenda* los llamados delitos calificados por el resultado carecen de justificación». También la comisión de derecho penal de la Academia de Derecho Alemán afirma que los delitos calificados por el resultado provienen de accidente, puesto que la producción del resultado por casualidad no debiera ser decisiva. Pero este razonamiento solo podría sostenerse a condición de no considerar estos casos como calificaciones por el resultado de un delito básico, sino como hechos penales de naturaleza especial, lo que posiblemente sería admisible sosteniendo la opinión de que, en el sentimiento popular, la especial demanda de expiación se vincula a la gravedad del resultado del hecho.

Pero cuando un resultado especialmente grave reclame una sana exigencia de expiación, que no pueda tomarse adecuadamente en cuenta dentro del marco establecido para el delito básico, sería falso negar la previsión de los delitos calificados por el resultado, en razón de la consecuencia, porque se trata de una decisión respecto de una cuestión fáctica, o sea, que importaría una grave falla, dado que se estaría violando una exigencia vital. Si estas amplificaciones también, y en qué medida, las requiere el principio del derecho penal de voluntad, es una cuestión que deberá trabajarse exclusivamente en la parte especial del derecho penal. En cualquier caso, desde ahora es menester decir que -prescindiendo de los delitos culposos- este requerimiento tendrá lugar en el ámbito de la traición a la patria y de la alta traición.

El principio del derecho penal de voluntad, como también la antes señalada delimitación del ámbito de punibilidad, de ninguna manera requieren el sometimiento de todo el derecho penal a esa línea de pensamiento.

Prescindiendo por completo de los delitos de expresión, en los que coincide el comienzo de ejecución con la consumación del hecho querido, la punición de la negligencia puede en sí misma no estar vinculada a la voluntad del autor. Solo una construcción extraña a la realidad de la vida puede pretender, ante la inexistencia de una decisión del autor, su desvaloración equiparable a una acción dolosa, para pretender de este modo abrir paso a una construcción -o mejor, a una ficción- para hacer un derecho penal de voluntad en la punición de la negligencia. El derecho penal puede vincular de este modo la lesión con el resultado producido o, también, puede en el caso particular declarar como delito especial una puesta en peligro inconsciente. Gran parte de la crítica al derecho penal de voluntad se dirige en realidad contra un promovido derecho penal de puesta en peligro que, por otra parte, podría conducir a una limitación de la exaltación de la acción, lo que subestimaría en forma lamentable la heroicidad del principio «vive peligrosamente», en una época que le es tributaria.

Además, tampoco el derecho penal de voluntad exige que su contenido se determine exclusivamente conforme a este principio en el ámbito de la punición del dolo. De querer hacerlo, en último análisis, se llegaría a una falsa comprensión del derecho penal de voluntad, que no ha sido sostenida en el memorial del ministerio de justicia prusiano ni adoptada por la comisión de trabajo. Lo decisivo para la intervención penal del estado es la voluntad criminal o la disposición al hecho del autor, y no el resultado provocado por la actividad de esta voluntad. No es posible (tal como Mezger sostuvo sobre la base del memorial del ministerio prusiano, *DJZ*, 1934, p. 104) «tratar solo desde el pensamiento unilateral de la conducta interior, anímica, la aplicación doctrinaria y la extensión. También en el estado total debe prevenirse en forma efectiva y expresa una caotización del derecho penal y de la administración de justicia penal». Una caotización de esta naturaleza solo puede temerla quien erróneamente concibe al derecho penal de voluntad como una disolución del derecho penal en tipos de puesta en peligro o mediante la supresión general de tipos objetivos.

El derecho penal del porvenir, de ninguna manera, requiere o pretende introducir un derecho penal de voluntad en este sentido, por lo que resulta completamente infundado el temor a que provoque una caotización del derecho penal. Por cierto, «la objetiva realización del tipo no es más el inconmovible punto de partida de toda fijación penal, pero la espina dorsal del derecho penal de voluntad la configura la voluntad realizadora de un tipo penal determinado» (Mezger, *DJZ*, 1934, p. 100).

En el derecho penal del porvenir, la actividad voluntaria dirigida al resultado o a la consumación del hecho decidido no reemplaza todos los elementos de la punibilidad, sino solo el resultado o la consumación resultante de la actividad voluntaria. Justamente en los tipos legales objetivos no solo finca la seguridad objetiva, sino que también posibilitan el derecho penal de voluntad (incluso cuando, al contrario del sistema hasta hoy vigente, sean flexibiliza-dos, como también cuando sean configurados más ampliamente mediante la habilitación de su aplicación legal analógica).

Si para construir el derecho penal del porvenir solo se quisiera adoptar el punto de vista de una reacción ante la voluntad, se generaría un derecho penal que sería resultado de un pensamiento puramente abstracto, lo que no puede querer el derecho penal nacionalsocialista que, por el contrario, hunde sus raíces en la vida misma y en su ámbito, como el vocero que expresa la conciencia de la nación.

De allí que también sea errónea la suposición de que «su fuerte psicologización importa al mismo tiempo una fuerte renuncia a las palpables realidades de la vida» (Mezger, *op. cit.*, p. 102). Por el contrario, el derecho penal de voluntad parte de reconocer que el derecho penal está enraizado en la moral popular, pues de otra forma sería inimaginable que la conducta contraria a la desvalorada pudiera llenar las exigencias del orden ético alemán, o que sea la correspondiente imagen negativa del orden ético de nuestro pueblo. Y el reconocimiento de este enraizamiento de ningún modo puede provenir de un pensamiento abstracto, alejado de las realidades de la vida, sino que debe obtenerse mediante la introspección y el consciente vivir-se-dentro en la más íntima profundidad de la vida socialista en común de la nación y de la de esta ley dominante. La voluntad «debe estar enraizada en la moral popular, como el más profundo fundamento de todo derecho penal» (v. Gemmingen, *JW*, 1933, p. 2372).

La comisión de trabajo ya había debido rebatir otras objeciones al derecho penal de voluntad, como la opinión de que debía poner otros instrumentos más pesados en la mano del juez. Mezger *(op. cit.*, p. 102) opina con respecto al derecho penal de voluntad que «como todo instrumento refinado, está expuesto a numerosas perturbaciones en su manejo práctico». Creemos que aquí hay una confusión entre refinamiento y complejización; las fuentes de perturbación se hallan en la última, pero no en el refinamiento. El derecho penal de voluntad ofrece un refinamiento en el sentido de una simplificación, resultante de señalar al derecho penal y a su aplicación una ruta unitaria, como, por ejemplo, respecto de las consecuencias que se desprenden de este en cuanto a su delimitación del ámbito de punibilidad para la regulación de lo que hasta ahora se señalan como problemas de la «tentativa».

Tampoco el derecho penal de voluntad puede crear dificultades probatorias para la praxis judicial, que solo podrían resultar de querer someter a pena una voluntad no activada. Pero lo que a este respecto no se observa en debida forma es en qué medida existen hoy dificultades de prueba para delimitar la tentativa de la preparación en el derecho penal actual. Por lo demás, si bien el manejo de una ley habrá de ser tan simple como sea posible configurarla, lo cierto es que el contenido que necesariamente debe tener una ley no se rige por las demandas de su aplicación, sino por las del pueblo al que la ley sirve y que deben hallarse en su contenido legal.

Por último, cuando se objeta que el derecho penal de voluntad -y su correspondiente delimitación básicamente diversa del ámbito de punibilidad-, en comparación con el derecho penal vigente, no hace más que proporcionar -como máximo- una diferencia meramente cuantitativa, pretendiendo que podría obtenerse aun sin sus modificaciones básicas, no es tampoco difícil responder.

En primer lugar -y suponiendo que así fuese- cabe contestar que no puede ser tarea del nuevo derecho penal introducir lo nuevo por el mero hecho de ser nuevo; pero si el resultado práctico solo se tradujere en una diferencia cuantitativa, esto no constituiría ningún argumento válido contra la regulación adoptada.

En segundo término, incluso cuando lo fuere: «Lo más importante en toda medida de un estado es el espíritu que da contenido a la ley y al ordenamiento. Este espíritu es el que proporciona primordialmente el abecedario del verdadero contenido. El espíritu de la ley es lo que confiere al ejecutor -en este caso al juez- la posibilidad de dar cumplimiento al cometido de su oficio en conjunción vital con el sentimiento del pueblo del estado» (Ebert, *DJ*, 1934, p. 480). ¡Aun siendo menor el significado práctico, el significado fundamental de la perspectiva de regulación adoptada es definitivo! Finca en que se reconoce en la voluntad del infractor, como sede de las fuerzas perturbadoras de la paz del pueblo, la causa última de la actividad punitiva del estado, como también el objetivo de las medidas penales elegidas por el estado, debiendo seleccionarse y adecuarse estas según su efecto sobre este centro de fuerzas negativas del orden, en miras a su destrucción como fuerzas peligrosas al orden.

Ya se ha dicho que el derecho penal de voluntad ha de ser determinante del carácter de la totalidad del derecho penal del porvenir -en tanto que este no contenga la punición de la negligencia-, como también que la prevista delimitación básica del ámbito de punibilidad es de contundente significación para el futuro derecho penal.

Este carácter del derecho penal del porvenir es particularmente fatal para las conocidas cuestiones que en el derecho penal actual ocupan amplio espacio, tanto en sus escritos como en su jurisprudencia y, ante todo y más que nada, para las que hasta ahora se agrupan con la voz «tentativa».

Cuando los tipos del derecho penal del porvenir se construyan -en la forma que fuere-, conforme al esbozado concepto de emprendimiento, abarcando de este modo esencialmente los actuales conceptos de hecho consumado y tentado; cuando, por ende, fuera de cuantificación penal judicial, no deba tener lugar el tratamiento diferenciado del «hecho tentado» y «consumado»; cuando, por fin, el juez no deba estar obligado legalmente a adjudicar importancia al hecho de que la acción se haya quedado en tentativa, habrá desaparecido la necesidad de establecer un límite entre la tentativa y el hecho consumado, cancelándose en general el concepto de tentativa con sus disputables dudas de contenido y delimitación.

La otra delimitación de la tentativa -respecto de la acción preparatoria- tampoco será tratada por el derecho penal del porvenir desde la perspectiva de la delimitación de la tentativa, sino del emprendimiento tanto como de la acción punible en general.

Simplemente se trata de establecer un espacio más amplio para que el juez pueda disponer la pena del emprendimiento del hecho penal, respecto de lo cual deberá recordarse que esta cuestión otrora dio lugar a muy discutidos problemas de tentativa. Por tal razón se tendrá en cuenta que este espacio amplio de cuantificación de la pena, entre otras cosas, deberá dotar al juez de la posibilidad de considerar la conveniencia de atender a la menor fuerza o duración de la voluntad criminal, lo que tal vez haya determinado que el hecho quedase en «tentativa». A este respecto no debe haber ningún mal entendido: este amplio espacio de pena solo será una forma especial del derecho penal del porvenir que, entre otras cosas, no corresponde considerar en este contexto, en que solo se ha tomado en cuenta la ya considerada exigencia.

Pero al legislador le queda pendiente la pregunta acerca de cómo piensa dar solución, no ya a la cuestión de los límites de la «tentativa», sino a dotar de contenido y regular lo que hasta ahora es considerado el ámbito de la «tentativa». ¿Cómo piensa el derecho penal del porvenir la regulación del emprendimiento de un hecho penal con medios o sobre objetos inidóneos?

Es obvio que un derecho penal que tenga como punto de partida y como objetivo de su intervención la voluntad del autor no podrá cambiar su posición por el hecho de que esa voluntad se hubiese valido de un medio inútil o elegido como víctima un objeto inidóneo. El autor que comienza la ejecución de un hecho declarado punible y que el orden jurídico popular juzga de ese modo pasa a ser un enemigo del orden pacífico popular, y el derecho penal no puede dejar de intervenir, en su carácter de luchador jugado a favor de este orden pacífico. Tampoco puede cambiar nada a este respecto, si en un caso concreto coincidieren la inidoneidad del medio y la del objeto. El legislador nacionalsocialista consagra con esto su regulación en correspondencia con su orientación básica, al mismo tiempo que podría expresar su agradecimiento al

Reichsgericht, porque este, a lo largo de décadas, frente al asalto crítico de casi toda la ciencia, construyó y administró una jurisprudencia en que la voluntad del autor configura enteramente el objeto de ataque del derecho penal.

Puesto que la punición del emprendimiento del hecho penal con medios o sobre objetos inidóneos se deriva directamente de la posición básica del derecho penal del porvenir, sale sobrando una previsión expresa de esta consecuencia en la ley. Solo quizá en lo que hace a la construcción de los tipos de emprendimiento respecto de algunos bienes jurídicos, podría aparecer alguna duda en cuanto a la conveniencia de la falta de consagración de esta consecuencia, derivada de la posición básica del derecho penal del porvenir.

Si la inutilidad del medio se elevase hasta alcanzar el límite del ridículo, simplemente el pueblo reconocerá que el medio empleado no puede conducir al objetivo propuesto por efecto de una ley de la naturaleza, por lo que, frente a quien utiliza un medio semejante en la creencia de que conduce al resultado, solo cabe la sonrisa complaciente, pues en razón del medio retrocede el sentimiento que lo hace un enemigo del orden pacífico popular y, con este, la exigencia de intervención penal en el caso. Pero naturalmente, será exigible una punición cuando, en razón de la magnitud de la intensidad de la voluntad del autor, sea imaginable, con certeza o con alta probabilidad, que una vez que este haya verificado la inutilidad del medio empleado hasta ese momento, se hará de otro idóneo. Si corresponde prescindir de pena o atenuarla y en qué medida en estos supuestos de empleo de medios que -conforme a las leyes de la naturaleza- son por completo inidóneos, es una cuestión que solo la puede valorar el juez que tiene en su mano el caso y la situación, para lo cual el derecho penal del porvenir le deberá proveer de la libertad de acción requerida.

Si bien conforme a la sistemática hasta ahora usual no corresponde considerar al delito imaginario en el contexto que nos ocupa, lo cierto es que se halla en íntima vinculación con él, en el sentido de que el autor actúa con la errónea consciencia de que contraviene un dispositivo penal. Aquí existe la voluntad y por cierto la consciencia de que se hace algo punible. Esta «tentativa» (término que naturalmente no se emplea en el sentido técnico hasta ahora mencionado) fracasa, pero en razón de que el hecho no está para nada penalmente desaprobado. No es punible penar este hecho. El autor no es en absoluto un enemigo del orden pacífico tal como se lo ha dado el pueblo, sino del que él falsamente reconoció como tal, pero la tarea del derecho penal es la protección del verdadero orden pacífico y no de otro imaginario.

Hasta hoy el derecho penal discute los casos en que el autor desiste de la tentativa. Con la cancelación del tratamiento diferenciado de la tentativa y del hecho consumado la cuestión de la tentativa se funde con la del arrepentimiento activo. El legislador solo puede referirse al arrepentimiento como estado de ánimo, que le otorga al juez la posibilidad de que lo valore en la cuantificación penal, como signo de la menor permanencia de la voluntad criminal o como el triunfo del mejor yo sobre el peor. Sin embargo, si el estado de ánimo del arrepentimiento ha conducido a acciones activas del autor que evitaron la producción del resultado del hecho, con frecuencia tampoco será necesaria una pena, ni como aseguramiento de la paz popular ni como expiación.

También será válido lo dicho para el caso en que, al actuar su arrepentimiento, el autor se hubiere esforzado con sus mayores potencias para evitar la producción del efecto del hecho, cuando este efecto tampoco se hubiere producido, aunque esto no haya sucedido merced a los esfuerzos del autor, sino a otras fuerzas.

Para estos casos de arrepentimiento activo se dará al juez la posibilidad de atenuar la pena o de prescindir de ella. Sin embargo, no se deberá establecer al respecto un derecho a reclamar una atenuación o prescindencia de pena, porque chocaría con la posición del individuo respecto del pueblo, tal como el nacionalsocialismo la concibe, que tampoco permite disculpar apelando al argumento ampliamente teórico y alejado de la vida de que debiera hacérselo como un estímulo para el arrepentimiento activo.

Todo lo que se pueda agregar respecto del arrepentimiento activo debe remitirse al ámbito de la cuantificación penal. Con total prescindencia de la reparación posterior al hecho consumado, así debe entenderse todo lo relativo al caso particular en que el arrepentimiento del autor no hubiese tenido éxito, pese a su serio esfuerzo por evitar la producción de los efectos del hecho, aunque fuere por la interferencia de fuerzas sobre las que no hubiese tenido influencia alguna. ¡Precisamente en ese caso debe responder por su acción! ¡En la misma acción se debe estar consciente de que sus efectos no se pierden en la nada! ¡El riesgo de la exigüidad de la acción de arrepentimiento no debe ser cargado al pueblo, sino al autor! Si la ley dispusiese de manera diferente, estaría considerando al derecho penal de voluntad desde una perspectiva individualista. De este modo, el planteo de esta cuestión particular del derecho penal parece ser un banco de prueba para verificar si el derecho penal del porvenir permanece fiel a su posición fundamental.

Consideraciones complementarias, motivadas en ulteriores trabajos jurídico-políticos

En mi contribución sobre derecho penal de voluntad, tentativa y consumación, en la primera edición de este informe, he sostenido que, ante todo, la decisión adoptada por la comisión oficial de derecho penal con respecto a este tema en su primera lectura, importa el alto reconocimiento, completo y directo, de nuestra imagen del mundo, lo que influye notablemente no solo sobre la forma técnica externa sino, principalmente, sobre la determinación de la dirección y el contenido de la tarea de todo el derecho penal y la configuración de su carácter.

Mientras que en la segunda lectura se trataba nuevamente y en profundidad la totalidad de las cuestiones referidas a este tema, la política jurídica y la doctrina alemana, fuera de la comisión oficial, se ha ocupado concienzudamente de las cuestiones fundamentales del derecho penal del porvenir. Entre otros, lo ha hecho el último memorial para la renovación del derecho penal, en que la oficina de derecho del Reich del NSDAP, a grandes rasgos, ha tomado posición acerca de los fundamentos del derecho penal.

Y el resultado es que no hay ninguna razón para modificar ni siquiera una frase las consideraciones que respecto de esta cuestión se formularon en la primera edición del presente informe. En especial, también el memorial de la oficina del Reich del NSDAP ha reconocido ampliamente el principio penal de voluntad y las consecuencias que de este se desprenden para la interpretación y configuración del problema de «tentativa y consumación». Y si de la última frase de este informe complementario resultare alguna posición suplementaria y parcialmente divergente de los puntos de vista del citado memorial, estos no se vinculan con la coincidencia básica acerca del carácter del derecho penal de voluntad.

Quizá esta completa coincidencia de entendimiento básico entre el memorial prusiano, el informe sobre el derecho penal del porvenir, el memorial de la Academia para el Derecho Alemán, el memorial de la oficina del Reich del NSDAP y los trabajos jurídico-políticos particulares de los autores nacionalsocialistas sobre nuestro tema nos permite considerarla como una segura prueba de que es correcta la solución de la cuestión, conforme a la posición fundamental del derecho penal del porvenir. Esto es así, puesto que, en cuanto a todo el significado de importancia de la segunda lectura de un proyecto de ley, si se probare la necesidad de un cambio en los fundamentos del derecho penal del porvenir, esto importaría el señalamiento de una debilidad básica, que no solo podría dar lugar a una profunda revisión, sino a una construcción completamente nueva del derecho penal.

Pero, en consecuencia, queda en pie en sus caracteres fundamentales el contenido de lo que se ha construido en dos años y medio de trabajo completamente responsable.

En razón de lo expuesto, mi actual tarea se limitará centralmente a los puntos más salientes, cuya necesidad ya se destacó en la primera lectura del proyecto y que, en esencia, se refieren al ámbito técnico.

Y en este sentido, son solo dos puntos los que merecen ser considerados:

1. La forma técnica de delimitación entre la acción preparatoria que aún no es significativa penalmente y la comisión de un hecho penal *(ut supra,* p. 23 y ss.).

2. La forma técnica de asegurar la libertad de acción del juez en la cuantificación penal, conforme a las particularidades de los casos

concretos, teniendo en cuenta la circunstancia de que el hecho penal no haya sido ejecutado por completo (*ut supra,* p. 35).

En cuanto al primer punto, en las páginas 22 a 25 de mi informe, partiendo del carácter bélico, de lucha, que debe tener un derecho penal nacionalsocialista y de su necesaria naturaleza activista, llego a la conclusión de que, apenas comenzado su hecho, el derecho penal debe oponerle al autor la severidad de todas sus conminaciones penales. A este respecto, tampoco es necesaria aquí ni la más mínima modificación. Por el contrario, la pregunta acerca de la forma en que esta decisión de voluntad legislativa se debe expresar para darle al juez la libertad de movimiento necesaria, es una cuestión técnica de adecuación a la finalidad, a la que la comisión penal oficial debe prestar especial atención en la segunda lectura del proyecto. A este respecto, hay en juego dos subtemas sobre los que se debe decidir:

a) Uno es la cuestión acerca de si el legislador debería establecer una delimitación legal expresa entre preparación y comisión, o si, por el contrario, debería dejar las manos libres a la jurisprudencia para que lo desarrolle, respecto de lo cual cabe tener en cuenta que, como es sabido, lo correcto es que el legislador disponga expresamente lo que deba disponer y no todo lo que pueda disponer. Justamente esta última fue una de las fallas capitales de la legislación pre-nacionalsocialista. No obstante, en cuanto a la importantísima cuestión acerca de dónde comienzan el merecimiento de pena y la posibilidad de penar, el derecho penal del porvenir no debe callar, puesto que se trata de una cuestión que es de extrema y fundamental significación para la aplicación del derecho, por lo que debe responder a esta cuestión.

b) La segunda cuestión es decidir si la delimitación debiera ser en sentido subjetivo u objetivo, si debe tener en vista la voluntad del autor o la objetiva y externa proximidad con la consumación y, además, si la delimitación debiera ser trazada descriptivamente o en una forma cuyo contenido necesite ser completado.

Para el derecho penal de voluntad del porvenir, la voluntad de quebrantar el derecho es la ocasión, el fundamento y el objetivo de la intervención del proceso activo de la administración de justicia penal. A este respecto es menester utilizar una vez más la antes formulada distinción entre el derecho penal de voluntad y el derecho penal de disposición interna, y no solo esta. Debe existir una acción conforme a esta voluntad para que el derecho penal deba interesarse por la voluntad violatoria del derecho. Esta acción debe ser portadora de la seria voluntad realizadora del hecho por parte del autor.

En relación con esta voluntad realizadora del hecho, la acción debe tener para la administración de justicia el significado -quizá no único- de una indispensable fuente de conocimiento de esta voluntad. Pero la acción portadora de la voluntad debe tener también objetivamente el carácter de actividad de la decisión de voluntad. De esto resulta la necesidad de una delimitación subjetiva con el injerto de un elemento objetivo. Siguiendo esta idea, el problema que queda por resolver es si el injerto debe ser de un determinado grado de realización o proximidad con la consumación en la parte del hecho realizada. Conforme a esta dirección, es posible intentar la delimitación de diferentes modos.

Es posible exigir un determinado grado de proximidad al resultado, pero entraría en contradicción con el fundamento del derecho penal de voluntad y, por ende, debiera ser rechazado; o bien se podría exigir cierto grado de peligrosidad en la parte de acción llevada a cabo. En este último sentido existe la posibilidad de establecer la peligrosidad exigida tomando en cuenta un bien jurídico determinado. Teniendo en cuenta que sobrevive en general el tratamiento del derecho penal desde la perspectiva de las lesiones a bienes jurídicos, no sería esto cuestionable para el derecho penal nacionalsocialista. Pero también se puede establecer la delimitación atendiendo a si lo ya realizado se hallare en un determinado grado de proximidad a la realización del hecho, que amenace peligro notorio, próximo o inmediato (y esto es una vez más cuestión de cantidad) para la comunidad del pueblo vinculado al fin de protección del futuro precepto penal en cuestión. Contra este injerto de un elemento objetivo en la delimitación fundamentalmente subjetiva entre preparación y comisión del hecho, no se pueden alzar objeciones meditadas desde la perspectiva del derecho penal de voluntad. No obstante, se puede cuestionar que esta delimitación sea poco asible, con lo cual nos hallamos en la segunda parte de este subtema, o sea, si la delimitación, incluyendo el elemento objetivo requerido, debe formularse preferentemente en forma descriptiva o, más bien, de modo que su contenido requiera ser completado.

Dada la inabarcable variedad de formas que puede asumir la vida en los casos requeridos en todos los ámbitos del derecho penal, me parece realmente difícil que en la ley se pueda proporcionar algo más que un lineamiento en cuanto a la inserción del elemento objetivo, debiendo ordenarse que este se complete al tratar cada caso en particular, contentándose, de este modo, con la sola exigencia del elemento objetivo necesitado de complementación, siempre en el marco de la delimitación básicamente subjetiva de la delimitación.

A este respecto debe dejarse al juez cierto espacio de juego, en la certeza de que la administración de justicia podrá sacar menos provecho de un trazado firme, abstracto y general, que de una forma de tratamiento racional legalmente orientada por parte del juez.

En razón de esto, en la segunda lectura habría que volver al proyecto, que finca el elemento objetivo necesitado de complementación en la voz «comienzo», y, en consecuencia, proponer la redacción siguiente: «Comete un hecho penal quien lo comienza con voluntad de consumarlo». Según esto, la palabra «comienzo» ha de tener ante todo un significado subjetivo, vinculado a la voluntad de consumación, dado que, en cualquier caso, se trata de un elemento objetivo legalmente orientado a ser circunscripto y no de la introducción de un elemento objetivo descriptivo.

Cabe preguntarse si en esta materia sería posible avanzar más allá. El proyecto preliminar para las sesiones de la segunda lectura propone un avance de esta naturaleza al tratar de definir el comienzo: «Debe considerarse comienzo del hecho penal toda acción que, conforme a la representación de los hechos que se hubiere hecho el autor, se dirija inmediatamente a la ejecución».

Antes de la aprobación definitiva de la ley, sería necesario repensar si una tal determinación del concepto de «comienzo» no resulta parcialmente innecesaria y peligrosa.

Es verdad que, tal como está redactado, importa una reiteración que subraya la dirección subjetiva básica, lo que no puede perjudicar, toda vez que es lo deseado. Dado que esto me parecía ya claro en el proyecto en primera lectura, la determinación del concepto de «comienzo» resultaría inútil. Pero, además, existe la posibilidad y el peligro de que, conforme al proyecto en segunda lectura, se entienda la palabra «comienzo» sin ninguna parte objetiva y esto siembre dudas sobre todo lo antes dicho. Resultaría finalmente que, merced a esta extensión y limitación del «comienzo» que se busca con el «inmediatamente a la ejecución», no se llegaría a circunscribirlo.

Introducir la exigencia de inmediatez es algo que solo en apariencia circunscribe con estrictez la cuestión, en particular porque no proporciona -ni podría proporcionar- una escala ni una indicación de escala para establecerla. En consecuencia, la inmediatez podría -o debiera- afirmarse o negarse conforme a las particularidades del caso, a veces en razón del tiempo, otras atendiendo a su ámbito espacial, en ocasiones en función de la proximidad, quizá eventualmente reparando en otros probables acontecimientos intermedios, por ulteriores acciones del propio autor o las que este tuviese en expectativa o considerase posibles por parte de un tercero.

Teniendo en cuenta que esta precisión conceptual no significa una toma de posición general, será cuestión de examinar si, en definitiva, no se debiera prescindir de una definición del comienzo. Casi quisiera afirmar que es precisamente en este punto donde el legislador debiera reconocer que al intentar mayores regulaciones invade un terreno en el que estas no son necesarias y, por consiguiente, debiera abstenerse.

La objeción que pretende ver como una irregularidad del lenguaje el hecho de considerar que algo se ha cometido cuando solo se ha comenzado, es posible rechazarla de plano, dado que en modo alguno se trata de una equiparación lingüística, sino solo de una delimitación jurídica del concepto de comisión de una acción.

Veamos, pues, el segundo punto, o sea, la cuestión de la forma técnica de asegurar al juez la libertad de acción en la cuantificación penal en función de las particularidades de cada caso y, también, en atención a que el hecho penal no se habría llevado a cabo por completo.

Desde el principio de las sesiones hubo unanimidad en la comisión en cuanto a que la interrupción del hecho en su comienzo -o en modo inmediato a este- en ocasiones, aunque no necesariamente siempre, podría tener plena relevancia para el grado de punibilidad del autor, razón por la cual el juez debiera tener invariablemente abierta la posibilidad de tomar en cuenta la interrupción del hecho en su comienzo o en su ejecución.

La forma en que debiera consagrarse esa posibilidad no es un problema fundamental para la cuestión de la tentativa, puesto que es algo propio del ámbito de la técnica legislativa. Si la ley previese una escala punible básica con la posibilidad de ampliarla hacia abajo, el juez tendría la posibilidad de ejercer su adecuada libertad decisoria en el marco del espacio legal. Dado que es necesario que el legislador fije en algún punto el límite menor de la escala punible, el juez solo dispondrá de esta libertad de acción cuando se le haya concedido la facultad de descender de ese límite inferior.

La cuestión técnica acerca de la escala punible se planteó desde la primera lectura y -con toda razón- se decidió que debe llegarse al punto en que un proyecto de ley serio y consecuente verifique que los espacios punibles previstos resultan adecuados al aseguramiento de una política jurídico-penal en consonancia con la configuración total del derecho penal, evitando que la justicia incurra en desviaciones tales como las observadas en las últimas décadas.

La circunstancia de que se haya puesto en evidencia la necesidad de fijar cierta medida de límites inferiores en las escalas punibles de una serie de estos espacios legales impone, a su vez, la necesidad de conceder al tribunal la posibilidad de atenuación ante el hecho cuya ejecución hubiese quedado interrumpida o en forma inmediata a su comienzo.

De este modo, han quedado resueltas las dos cuestiones técnicas a las que dio lugar la segunda lectura en lo que hace a mi tema. No obstante, quisiera aprovechar la oportunidad que me ofrecen estas líneas para obturar una posible fuente de malentendidos, que puede surgir de las reflexiones formuladas en mi informe.

Con motivo del reconocimiento del derecho penal de voluntad -lo que para el nacionalsocialismo es una obviedad- he usado la frase «tú puedes, por ende, tú debes». El significado de esta frase, en el contexto de las consideraciones de mi informe, es en el sentido del reconocimiento de la libertad de voluntad y no en otro diferente. Dado que podría interpretarse como una toma de posición acerca de la cuestión de una imputabilidad limitada en el derecho penal (porque en los últimos años también fue usado en ese contexto), aprovecho la oportunidad para señalar al respecto que el uso de esta frase en mi informe solo debe entenderse en conexión con el reconocimiento de la libertad de voluntad.

Este año -como antes se dijo- la oficina jurídica del Reich del NSDAP publicó la primera parte de las «Directivas nacionalsocialistas para un nuevo derecho penal alemán». Al igual que, como clara y reiteradamente lo ponen de manifiesto todos los esfuerzos nacionalsocialistas para la renovación del derecho penal, estos lineamientos también insisten en que el derecho debe estar enraizado en el orden ético.

El lineamiento 1 reza: «El nuevo derecho penal alemán debe ser derecho popular, originado en la voluntad del pueblo y extraído de su alma». El lineamiento 3 en su capítulo 3 dice: «Para el pensamiento alemán hay coincidencia entre la valoración ética, el sentimiento del deber y el sentimiento jurídico». Más adelante, el lineamiento 9 expresa: «En el derecho penal nacionalsocialista no hay derecho ni ilícito formal, sino solo existe la idea de la justicia material».

Dado que los lineamientos de la oficina jurídica del Reich emergen de principios, extrae de ellos las correspondientes consecuencias, respecto de las cuales hay dos ejemplos dignos de mención: el lineamiento 15 -al igual que el proyecto de la comisión oficial de derecho penal- proyecta transformar el concepto neutral de dolo (válido hasta hoy) en otro determinado éticamente, y el lineamiento 18 busca determinar la punibilidad de la omisión a partir de puntos de vista éticos, al igual que lo hecho, por ejemplo, por la ley Gürtner de 1935, con su determinación del deber de asistencia.

Por consiguiente, tal como lo reconoce acerca de casi todo el propio memorial de la oficina jurídica del Reich, existe una coincidencia completa con los fundamentos del proyecto de la comisión oficial de derecho penal.

No obstante, el memorial de la oficina jurídica del Reich cree que el orden ético -como fundamento del derecho penal- debe remitir a un valor ético fundamental como denominador unitario y establecer el derecho penal del porvenir sobre esta base extraordinariamente estricta.

En razón de esto, los lineamientos no tratan al orden ético popular y a sus valores fundamentales como una unidad natural, sino por remisión a un valor básico que es la fidelidad. En este sentido, el lineamiento 1 en su capítulo 3 dice: «El derecho penal nacionalsocialista debe edificarse sobre el deber de fidelidad popular», y el lineamiento 4: «El alto valor de la comunidad popular exige la incondicional observancia del deber de fidelidad, tanto frente a la propia comunidad del pueblo como también ante todas sus manifestaciones, tanto las vinculadas al pasado como las que haya de crear en el futuro. Cada agresión del criminal habrá de poner en peligro su unidad de suelo y de destino populares y de sangre».

Al construir la totalidad del derecho penal desde la perspectiva de la lesión a la fidelidad, debe concluirse que todo el que deviene punible al mismo tiempo resulta deshonrado. Conforme a esto, el lineamiento 27 dice: «Un injusto criminal es básicamente deshonrante, afecta el honor indivisible del hombre».

Como se desprende de la fundamentación que precede a los lineamientos, es en este punto donde estos establecen la diferencia entre el injusto criminal y el administrativo: «La diferencia entre la infracción administrativa y el llamado injusto criminal radica también en que en la primera no tiene lugar una pérdida del honor, pese a la desobediencia del autor, en tanto que un hecho penal tiene como consecuencia un compromiso del honor» (p. 37 y ss.).

Considerando que la prisión perpetua va acompañada de una especial declaración de pérdida del honor (como la prevista en la ordenanza Kann), no tiene sentido abundar en las ulteriores conclusiones de los lineamientos (a las que de hecho también responde el proyecto), para que quede claramente demostrado el reconocimiento del vínculo indisoluble entre la lesión al deber de fidelidad y la pérdida del honor, no obstante lo cual, si consideramos más atentamente el proyecto, veremos que el fundamento de esto radica en algo diferente.

Cabe advertir el especial acento de la última frase de la fundamentación que se ha citado: «Para un derecho penal nacionalsocialista solo puede regir el siguiente principio. Un injusto criminal es básicamente deshonrante, afecta el honor indivisible del hombre» (p. 38).

Aparentemente este texto cancelaría en forma especial la limitación de la página 37 de la fundamentación. No obstante, todo indica que no corresponde aceptar esta consecuencia, puesto que la frase se refiere a un delito que sea considerado como delito de infidelidad, que lógicamente debe distinguirse del resto de los delitos en que alguna vez se envuelven los partícipes del pueblo y que son, tal vez, la mayoría de los delitos del derecho penal. Cabe aclarar que aquí no estoy pensando en los delitos cometidos por huéspedes o protegidos del pueblo, respecto de quienes no se puede hablar de un deber de fidelidad, sino más bien -conforme al sentimiento y al uso natural del lenguaje- de un deber derivado de la posición de huésped. A lo que me refiero es a todos los delitos culposos, que muy raramente pueden ser considerados delitos contra el deber de fidelidad, y también pienso en los infinitos casos que están próximos a estos, y que en general la oficina del Reich (coincidiendo con el proyecto oficial) quiere excluir del derecho penal: «No toda agresión alcanza a la comunidad del pueblo con la misma gravedad. Las agresiones que solo superficialmente afectan ciertas expresiones vitales funcionales de la comunidad del pueblo no siempre requieren la previsión de una sanción penal. La prevención de estas infracciones debe regularse en un derecho penal administrativo propio, independiente y a construir».

Entre estos casos -digámoslo de una vez- y los propiamente dichos de traición al pueblo (en la forma de traición a la patria, al conductor o de alta traición), hay una enorme cantidad de supuestos intermedios que demuestran que de ningún modo puede considerarse que se trate de una simple bipolaridad. Es posible citar una extraordinaria cantidad de delitos del derecho penal en los cuales nadie pretende concluir que todos los que los cometen pierden su «indivisible honor de humano». En mi opinión, tampoco sería correcto considerar carentes de honor a todos los partícipes del pueblo que, alguna vez en su vida, hayan sido condenados por un delito, solo en la mera razón de su hecho punible, cuestión a cuyo respecto no debiera ser necesario abundar en mayores consideraciones.

Dado que en la práctica es imposible receptar la consecuencia lógicamente necesaria derivada de considerar a todo injusto criminal como una lesión al deber de fidelidad, cabe plantear la cuestión de si es aceptable -y en general adecuada- la limitación de la lesión al deber de fidelidad como base ética para el derecho penal, tal como surgiría de los lineamientos de la oficina jurídica del Reich. Analizando esta cuestión, se debiera llegar al resultado correcto y plenamente vital de que, pese a que filosóficamente parezca posible, no todo injusto criminal debe ser manejado y computado bajo el común denominador de la lesión al deber de fidelidad, sino solo aquellos injustos criminales adecuados a tipos particulares de delitos o a tipos de autor, cuyo tratamiento típico y natural resalte inmediatamente a la vista su desvalor ético.

Conforme a lo antes señalado, esto será útil para que el derecho penal establezca las diferencias necesarias que, según los casos, se manifestarán por ejemplo en toda la actividad judicial de cuantificación de la pena. Se tropezará así con casos concretos en los cuales muchos desvalores de injusto, conforme al más próximo sentimiento natural (y pese a que filosóficamente puedan ser considerados como unidad), darían lugar a que el pueblo considerase que se trata de un exceso intelectual si para su valoración vital se priorizase la síntesis filosófica por sobre el criterio de desvaloración del injusto ético que salta a la vista (por ejemplo, las lesiones a los deberes de registro, de declaración fiscal, de limitación de la propiedad frente a la utilidad pública, de los deberes jurídicos o naturales de cuidado, de respeto, de decoro sexual, etc.).

Por otra parte, de utilizarse en forma indiscriminada la idea de infidelidad, en los casos en que en la configuración jurídica del tipo resultara determinante el desvalor ético de la infidelidad tanto como la conformidad con el natural pensamiento (como por ejemplo en la traición al pueblo), esa idea quedaría despojada de utilidad e incluso perdería valor ético-jurídico.

«Conceptos como infidelidad y traición sufren cierta extensión. Su dignidad y contenido se destruyen con cada banalización» (Así Dahm, «Verrat und Verbrechen», *ZStW*, 95, 1935, p. 297).

De conformidad con lo dicho, me parece que lo correcto sería reafirmar el reconocimiento y los principios, tal como lo hace el proyecto oficial y todos los memoriales producidos hasta el presente (en el de la oficina jurídica del Reich, por ejemplo, en los lineamientos 1, 3 capítulo 3, 9), partiendo de la «coincidencia entre la valoración ética, el sentimiento del deber y el sentimiento jurídico», pero en cuanto al resto, lo mejor sería dirigir el derecho penal hacia la consideración de cada clase de delito, no conforme a una unidad valorativa del injusto generalizante y niveladora, sino conforme al contenido del desvalor ético de la forma particularmente típica del delito.

DERECHO PENAL DE VOLUNTAD,
de RONALD FREISLER, se imprimió
en la República Argentina en abril de 2021.

www.ingramcontent.com/pod-product-compliance
Lightning Source LLC
LaVergne TN
LVHW082240051026
849532LV00012B/4062
* 9 7 8 9 5 6 3 9 2 9 5 9 1 *